# Psychologie im Online-Marketing

Ein großer Geist irrt sich so gut wie ein kleiner,
jener, weil er keine Schranken kennt,
und dieser, weil er seinen Horizont für die Welt nimmt.

- Johann Wolfgang von Goethe

Die Deutsche Nationalbibliothek verzeichnet diese Publikation in der Deutschen Nationalbibliografie; detaillierte bibliografische Daten sind im Internet über http://dnb.dnb.de abrufbar.

© 2017 Andreas Schülke

Herstellung und Verlag:

BoD – Books on Demand, Norderstedt

ISBN: 9783744837255

# Inhalt

# 1. Vorwort

Das Verfassen dieses Buches war mir ein persönliches Anliegen. Als studierter Psychologe, der nun schon seit geraumer Zeit im Online-Marketing tätig ist, werde ich immer wieder gefragt, ob meine berufliche Tätigkeit überhaupt etwas mit meinem Studium zu tun habe. Wenn mir nicht nach einer längeren Unterhaltung zumute ist, antworte ich schlicht und einfach „Nein, was ich täglich mache hat praktisch nichts mit dem zu tun, was ich studiert habe.", denn das wäre auch kein Problem für mich. Ich habe (fast) alle Inhalte, die ich für mein Diplom verinnerlichen musste, mit großem Interesse gelernt. Wenn ich nun einen Job hätte, der viel Spaß macht – auch wenn ich meine Ausbildung überhaupt nicht einbringen kann – wie sollte ich mich da beschweren?

In Wahrheit stoße ich allerdings jeden Tag bei der Arbeit auf Situationen, in denen etwas klingelt. Dann werde ich entweder in meinen Entscheidungen bestärkt, die auf Erfahrungen oder Best Practices beruhen. Oder aber das Vorwissen über die menschliche Psyche lässt mich innehalten und nochmals überdenken, wie potenzielle Kunden online am besten erreicht und überzeugt werden können.

Die wahre Antwort, die ich also auf die Frage nach dem Zusammenhang von Psychologie und Online-Marketing schuldig wäre ist „Es gibt so viele Überschneidungen, man könnte ein Buch darüber schreiben!".

Das wäre hiermit erledigt.

Mein besonderer Dank für die Unterstützung bei der Verwirklichung dieses Buches gilt Markus Hövener, Gründer und Geschäftsführer der Online-Marketing-Agentur Bloofusion, wo ich als Head of Content Marketing und Teamleiter SEO tätig bin. Ich konnte von seinen Erfahrungen als Buchautor profitieren und er hat mich stets zum Schreiben motiviert, was sicher nicht für jeden Chef diese Priorität hat.

# 2. Einleitung

Psychologie ist für viele Außenstehende ein faszinierendes und mysteriöses Feld. Doch die Wenigsten sind sich im Klaren darüber, was Psychologen eigentlich wissen und können. In diesem Buch werden wir unser Grundverständnis von Psychologie erweitern und Ergebnisse aus der psychologischen Forschung kennenlernen, die sich im Online-Marketing gewinnbringend einsetzen lassen.

## 2.1. Was ist Psychologie?

Das Wort Psychologie ist zusammengesetzt aus den griechischen Wörtern ψυχή (psyché) für Seele und λογία (logía) für Lehre/Wissenschaft. Wörtlich übersetzt heißt es also etwa **Seelenkunde**.

Heute ist die Psychologie eine empirische Sozialwissenschaft, die das Erleben und Verhalten des Menschen beschreibt und erklärt. Empirisch bedeutet, dass Theorien auf der Basis systematisch erhobener Daten entwickelt werden.

Als kleinen Disclaimer vorweg möchte ich einen Punkt festhalten, der schon einen großen Aspekt der wissenschaftlichen Denkweise in der Psychologie aufzeigt: **Psychologische Theorien** lassen sich **nicht beweisen**!

Theorien der Psychologie lassen sich immer nur widerlegen. Wissenschaftlicher Fortschritt auf dem Weg zum besseren Verständnis des Menschen geschieht also dadurch, dass alte Theorien durch neue Theorien ersetzt werden, die besser zu den messbaren Befunden passen.

In den folgenden Kapiteln werden wir viele psychologische Studien kennenlernen und die Theorien, die versuchen, die teilweise überraschenden Ergebnisse zu erklären. Diese Erkenntnisse sollten nie als absolute Wahrheiten verstanden werden, denn es gibt zwei wichtige Faktoren, die das unmöglich machen:

1. Wiederholungen der Studie, sogenannte Replikationsversuche, könnten andere Ergebnisse produzieren. Das würde die Allgemeingültigkeit (Validität) der Resultate der Originalstudie infrage stellen.
2. Es gibt viele andere Theorien, welche die Ergebnisse erklären. Zu bevorzugen ist dabei immer die Theorie, die mit möglichst wenigen Annahmen die meisten Studienergebnisse erklären kann. Diese Theorie lässt sich dann idealerweise auch dazu einsetzen, gültige Vorhersagen zu treffen.

Dieses Buch sollte also (wie eigentlich jedes Buch) mit gesunder Skepsis und Menschenverstand gelesen werden. Gleichzeitig sind wir auf die präsentierten Studien als Grundlage angewiesen, weil es die besten Daten sind, die wir aktuell betrachten können. Genau so funktioniert eben eine empirische Sozialwissenschaft.

## 2.2. Was ist Online-Marketing

Neben der Psychologie geht es in diesem Buch ums Online-Marketing. Als Online-Marketing werden alle Maßnahmen verstanden, die Besucher auf eine bestimmte Präsenz im Web lenken, um dort ein Geschäft abzuschließen oder anzubahnen.

Inwiefern Online-Marketing und Psychologie zusammenhängen und welche **Schnittmengen** es gibt, genau das soll im Laufe dieses Buches aufgezeigt werden.

Wie nicht anders zu erwarten ließen sich durch die Internet-Affinität des Themas einige weiterführende Links ins World Wide Web nicht vermeiden. Um das Aufrufen der entsprechenden URLs für Interessierte so einfach wie möglich zu machen, wurden lange Adressen gekürzt. Die so entstandenen URLs sehen etwa so aus:

goo.gl/WAzqdU

Sie können bei Interesse einfach in die Adresszeile des Browsers eingegeben werden, um die entsprechende Ressource aufzurufen. Wenn wissenschaftliche Zitate auftauchen, empfehle ich Google Scholar (scholar.google.de), denn bei der Suche nach Autoren, Titel und Jahreszahl bietet diese Suchmaschine für wissenschaftliche Fachartikel erstaunlich häufig Links zu kostenlosen PDFs an, und ermöglicht so einen Blick in die Originalveröffentlichung.

# 3. Statistik

Inhalt:

## 3.1. Einleitung

Statistische Methoden sind den meisten Psychologen vertrauter als Liegesessel und lange Gespräche über die Kindheit. Für Online-Marketer gilt das leider nicht immer. Was sind die Grundlagen und wichtigsten statistischen Verfahren? Welche Relevanz haben diese für das Online-Marketing?

Statistik ist wahrscheinlich das eine Fach, welches die meisten Erstsemester im Psychologiestudium davon überzeugt, dass viele andere Studiengänge auch sehr interessant sind oder so ein Studium vielleicht gar nicht das richtige ist.

Tatsächlich basiert der wissenschaftliche Erkenntnisgewinn der Psychologie hauptsächlich auf statistischen Verfahren, die bei der Auswertung von Feldversuchen und Laborexperimenten zum Einsatz kommen. Denn die Psychologie ist eine **empirische** Sozialwissenschaft. Das bedeutet, es geht nie um den einzelnen Menschen, sondern immer um **Stichproben und Kohorten**, also Gruppen, die miteinander verglichen werden. Für die Anwendung (z. B. in der Psychotherapie) wird dann von diesen statistischen Erkenntnissen auf den Einzelfall zurückgeschlossen (Deduktion).

## 3.2. Kausalität

Damit statistische Ergebnisse überhaupt irgendeine Aussagekraft besitzen können, müssen wir uns vorher mit Kausalität beschäftigen. Mein Statistik-Dozent sagte oft „Die statistischen Methoden wissen nicht, wo die Zahlen herkommen!". Tatsächlich sagte er das sehr, sehr oft. Weil es wichtig ist.

*Die statistischen Methoden wissen nicht, wo die Zahlen herkommen!*

Kausale Zusammenhänge lassen sich nur in **Experimenten** beobachten. Hier eine kurze Definition:

*Im Experiment werden vorab formulierte Aussagen (**Hypothesen**) systematisch auf ihren Wahrheitsgehalt überprüft, indem einzelne Variablen bewusst und aktiv verändert werden (**unabhängige Variablen**) während die **abhängigen Variablen** gemessen werden.*
*Die aktive Manipulation ist der entscheidende Unterschied vom Experiment zu anderen Methoden der Datenerhebung.*

Wird vom Versuchsleiter nichts aktiv verändert, handelt es sich hingegen um eine Beobachtungsstudie oder ein Quasi-Experiment. Dabei werden Ausprägungen einer Variable oder Gruppenzugehörigkeit nicht beeinflusst. Zusammenhänge zwischen Messwerten können hier als Korrelationen erfasst werden. Eine hohe Korrelation bedeutet dabei, dass hohe Werte bei der einen Variable mit hohen Werten bei der anderen Variable korrespondieren. Ein Beispiel: Der Preis eines Autors und seine Höchstgeschwindigkeit haben eine positive Korrelation. Das heißt, günstigere Autos können tendenziell nur unterdurchschnittlich schnell fahren, teurere Autos hingegen überdurchschnittlich schnell.

Solche korrelativen Zusammenhänge aus Umfragen, Beobachtungen oder Statistiken dürfen nie kausal interpretiert werden (A beeinflusst B). Das wird am Beispiel schon sehr deutlich: Der Schluss „Wegen des hohen Preises kann ein Auto schneller fahren" ist offensichtlich nicht richtig.

Der Zusammenhang könnte genau anders herum sein (B beeinflusst A) oder beide Messwerte werden durch eine dritte Variable beeinflusst, die nicht kontrolliert wurde (C beeinflusst A und B). Im Beispiel ist das am wahrscheinlichsten: Sowohl der hohe Preis (A) als auch die Höchstgeschwindigkeit (B) kommen durch mehr und/oder teurere Bauteile zustande. Das nehmen wir hier zumindest an und es erscheint logisch. Fakt ist aber: Solange nur die Korrelation bekannt ist, darf nicht – wirklich gar nicht – kausal interpretiert werden.

Am Online-Marketing-Beispiel:
Ein sauberer A/B-Test – also ein Experiment – lässt eine kausale Interpretation zu, etwa „weil wir unseren Button rot statt grün gemacht haben, kam es zu 20 Prozent mehr Umsatz". Wird dieser Zusammenhang in freier Wildbahn beobachtet („Wir haben beobachtet, dass Websites mit roten Buttons im Durchschnitt 20 Prozent mehr Umsatz machen, als Websites mit grünen Buttons"), dürfen **keine Kausalzusammenhänge** geschlussfolgert werden.

## 3.3. Signifikanz

Wie wird nun festgestellt, ob der experimentelle Eingriff einen inhaltlich bedeutsamen Effekt hatte? Anders formuliert möchten wir gerne wissen, ob die Manipulation der unabhängigen Variable(n) die abhängigen Variablen verändert hat und zwar über zufällige Schwankungen hinaus. Die Vokabel in der Statistik dafür lautet Signifikanz. **Signifikant** ist ein Ergebnis dann, wenn davon ausgegangen werden kann, dass der gemessene Unterschied zwischen zwei Bedingungen nicht durch die rein zufällige Streuung der Messwerte zustande gekommen ist.

Eine gewisse Fehlerwahrscheinlichkeit bleibt dabei natürlich immer. Bei diesem sogenannten $\alpha$-Fehler wird in der Regel eine Wahrscheinlichkeit unter 5 % angestrebt ($p < 0.05$). Das heißt dann im Klartext: Die Wahrscheinlichkeit, dass die gemessenen Unterschiede rein zufällig entstanden sind und nicht auf das Experiment zurückzuführen sind, ist sehr gering.

Im Grunde gibt es für solch einen **kleinen α-Fehler** allerdings nur eine Voraussetzung: Eine **große Stichprobe**. Das führt wiederum zu dem Problem, dass eben jeder noch so kleine und unbedeutende Unterschied statistisch signifikant wird, wenn die Stichprobe groß genug ist.

Damit kleine, unbedeutende Unterschiede nicht mit extrem großen Stichproben zur Signifikanz gebracht werden, sollte die getestete Hypothese möglichst noch eine Annahme zur minimalen **Effektgröße** machen, die inhaltlich bedeutsam wäre. Also

- Falsch: Ein roter Button ist besser.
- Richtig: Der rote Button wird zu mindestens 20 Prozent mehr Umsatz führen.

Mit der angenommenen Effektgröße lässt sich dann vorab nämlich die korrekte Größe der Stichprobe berechnen. Das Kriterium dafür ist die sogenannte Teststärke („Power"), die als Wahrscheinlichkeit $p = 1-\beta$ berechnet wird und mehr als 95 % betragen sollte. In Worten ausgedrückt ist $1-\beta$ die Wahrscheinlichkeit dafür, dass der angenommene Effekt im Test festgestellt wird, falls es ihn tatsächlich gibt.

Wird die Signifikanz mit der berechneten Stichprobe verfehlt, darf davon ausgegangen werden, dass es diesen Effekt (in der angenommenen Größe) nicht gibt. Bei Statistikern hieße das „die **Nullhypothese** wird angenommen", gemessene **Unterschiede** beruhen also auf reinem **Zufall** und nicht auf dem experimentellen Eingriff.

Erreicht man hingegen ein signifikantes Ergebnis, darf davon ausgegangen werden, dass der Unterschied zwischen den Bedingungen nicht auf zufälliger Schwankung beruht.

Für die Stichprobenschätzung gibt es viele Tools. Meine Empfehlung ist das Tool unter abtestguide.com/calc/ (in der linken Spalte „Pre-test analysis" auswählen), weil dort die Auswirkungen schön an zwei Normalverteilungen visualisiert werden. Die Stichprobengröße selbst wird hier nicht direkt berechnet, man kann aber mit den drei Feldern „Besucher pro Bedingung", „Konversionen in der Kontrollbedingung" und „Effekt" solange herumspielen, bis auf der rechten Seite „p-value" ($\alpha$-Fehler) und „Power" ($1 - \beta$-Fehler) den gewünschten Werten entsprechen ($\alpha < 5\,\%$ und $1 - \beta > 95\,\%$). Dabei bekommt man auch schon ein gutes Gefühl für die Zusammenhänge und Auswirkungen der einzelnen statistischen Hebel. Insgesamt lässt sich der Zusammenhang so darstellen: Je größer der angenommene Effekt, desto kleiner kann die Stichprobe sein, um ihn sicher zu finden.

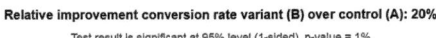
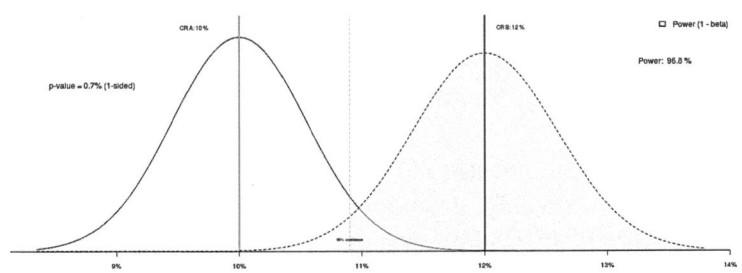

Weniger ausgefeilt, dafür viel leichter zu bedienen, ist der Stichprobenrechner von Optimizely: goo.gl/8ILZqO

## 3.4. Skalenniveaus

Das grundlegende Kriterium für die **Wahl des richtigen Testverfahrens** liefert das Skalenniveau. Davon gibt es vier verschiedene:

- **Nominalskala**:
  Häufigkeiten und Kategorienzugehörigkeit
  Beispiele: männlich/weiblich; rot/gelb/grün/, ...
- **Ordinalskala**:
  Rangfolge
  Beispiele: Platzierung bei einem Rennen, Schulnoten, ...
- **Intervallskala**:
  Abstände
  Beispiele: IQ-Skala, Temperatur in Grad Celsius, ...
- **Verhältnisskala**:
  Skala mit natürlichem Nullpunkt. Erst auf dieser Skala ist die Multiplikation von Werten sinnvoll möglich.
  Beispiele: Zeitdauer, Wert in Euro, ...

Durch die Betrachtung der Skalenniveaus der Reihe nach wird schon deutlich, dass Werte auf Skalen von höherem Niveau mehr Informationen enthalten. Das bedeutet auch, dass Daten immer für niedrigere Skalenniveaus

umgewandelt werden können. Messen wir etwa die verbrachte Zeit auf einer Website in Sekunden, bewegen wir
uns auf dem Niveau einer **Verhältnisskala**. Von diesen
Daten aus gelangen wir leicht zu einer Rangfolge
(**Ordinalskala**). Dadurch geht allerdings Information,
nämlich über die Abstände zwischen den Zeiten einzelner
Besucher. Noch mehr Information geht verloren, wenn
wir die **Nominalskala** erreichen möchten. Das wäre beispielsweise möglich, indem wir je nach Zeit die Besucher
den zwei Gruppen „kurzer Besuch" und „langer Besuch"
zuweisen.

In der Regel empfiehlt sich diese Vernichtung von Information nicht, denn wir möchten ja mit einer möglichst
vielschichtigen Datengrundlage arbeiten. Außerdem setzen viele statistische Testverfahren mindestens
Intervallskalenniveau voraus, um valide Ergebnisse zu
produzieren.

## 3.5. statistische Tests und Methoden

A/B-Tests sind sicher das Testverfahren, mit dem Online-Marketer am häufigsten in Berührung kommen. Dabei gibt es zwei Experimentalbedingungen und es werden
in der Regel Conversions gezählt (**Häufigkeiten**, also
Daten auf Nominalskalenniveau). Statistisch liegt dem
Ganzen dann ein **Chi²-Test** zugrunde.

Natürlich lassen sich auch Daten auf kontinuierlichen
Skalenniveaus messen und als A/B-Test auswerten, etwa

die auf einer Webseite verbrachte Zeit, der Warenkorb-wert und viele andere. Dabei handelt es sich dann um Daten mindestens auf **Intervallskalenniveau**. Das korrekte statistische Verfahren ist dann ein **t-Test**. Die Stichprobengröße wird entsprechend etwas anders berechnet, aber auch dafür gibt es natürlich gute Tools online, z. B. unter goo.gl/ggi2oH („Continuous (means)" auswählen). Dafür muss die Standardabweichung (oder Streuung) der Kontrollgruppe berechnet und angegeben werden.

## 3.6. Multivariate Verfahren

Zum Schluss müssen wir noch kurz auf multivariate Verfahren eingehen. Mit diesen Methoden ist es möglich, **mehrere unabhängige und abhängige Variablen** gleichzeitig in einem Test auszuwerten und **mehrdimensionale Zusammenhänge** aufzudecken. Werden verdächtigte Störvariablen gemessen, können sie dabei aus den Ergebnissen herausgerechnet werden. Statistisch gesehen handelt es sich um mächtige Verfahren, mit denen komplexere Zusammenhänge erfasst werden können. Das ist ein Vorteil, denn die Realität wird von solchen Tests oft viel besser abgebildet als mit eindimensionalen Tests. Nehmen wir als Beispiel folgenden fiktiven Zusammenhang:

*Ein roter Button führt bei Männern zu 20 % mehr Conversions im Vergleich zu einem grünen Button, bei Frauen hingegen zu 20 % weniger Conversions.*

Diese Hypothese könnte ein einfacher A/B-Test überhaupt nicht erfassen, ein multivariater Test hingegen schon. Man spricht hier von einer **Wechselwirkung**, da der Effekt der einen Variable (Buttonfarbe) je nach Ausprägung anderer Variablen (Geschlecht) unterschiedlich ausfällt. Der richtige Test für diesen konkreten Fall wäre übrigens ein Log-lineares Modell.

Häufigster Vertreter dieser multivariaten Verfahren ist die **Varianzanalyse** (analysis of variance, ANOVA bzw. hier multivariate analysis of variance, MANOVA), die im Prinzip auf der Funktionsweise des t-Tests beruht.

Neben den genannten Vorteilen gibt es aber einen großen **Nachteil** von multivariaten Verfahren, für den die Statistik selbst natürlich gar nichts kann:

**Multivariate Verfahren sind schwierig zu interpretieren.** Eine Wechselwirkung zwischen zwei Variablen, wie oben beschrieben, verstehen die meisten Menschen noch ohne Probleme. Bei drei Variablen wird das schon sehr viel schwieriger. Und wenn man als Versuchsleiter den Zusammenhang selbst kaum gedanklich durchdringen kann, wird es praktisch unmöglich, dem Chef, Web-Designer, Kunden etc. zu vermitteln, was herausgefunden wurde. Darüber hinaus sind die praktischen Implikationen oft unklar.

Besonders Online-Marketer sollten sich dessen also bewusst sein, denn als **Analysis Paralysis** oder deutsch Paralyse durch Analyse wird das erste psychologische Phänomen bezeichnet, das wir hier zusammen kennenlernen:

Durch das übermäßige Analysieren einer Situation wird die Entscheidung – und somit das Handeln – herausgezögert oder verhindert. Wird also immer nur die perfekte Lösung akzeptiert und ein vollumfängliches Modell aller Variablen angestrebt, kann das zum Problem für Marketingabteilungen oder ganze Unternehmen werden.

Vor der Mühe einer multivariaten Analyse muss daher großes Vertrauen in die eigene statistische Fitness, kommunikativen Fähigkeiten sowie das Wohlwollen und die Intelligenz der umgebenden Menschen vorhanden sein.


## 3.7. Zusammenfassung

Das Verständnis statistischer Grundlagen hilft dabei, bessere Tests zu entwickeln, diese richtig Auszuwerten und in der Folge gute Entscheidungen zu treffen. Anfängerfehler (kausale Interpretation von Korrelationen; Interpretation der Tendenz bei nicht-signifikantem A/B-Test) werden uns als Statistik-Padawans von jetzt an nicht mehr passieren, denn wir haben folgendes gelernt:

- Nur Ergebnisse aus echten Experimenten dürfen kausal interpretiert werden (A beeinflusst B).
- Ob das Ergebnis statistisch bedeutsam ist, also nicht auf purem Zufall beruht, sagt uns der Signifikanztest.
- Ein inhaltlich bedeutsames Ergebnis garantiert hingegen nur die Schätzung der Stichprobengröße vorab, basierend auf der angenommenen Effektgröße (dem vermuteten Unterschied bei der gemessenen Variable).
- Je nach Skalenniveau (Informationsgehalt der Daten) gibt es verschiedene statistische Tests. Es ist wichtig, den richtigen auszuwählen. Marketer sollten zumindest von den folgenden gehört haben:
  - o Chi²-Test
  - o t-Test
  - o Varianzanalyse (ANOVA)
- Multivariate Verfahren können sehr komplexe Zusammenhänge testen. Allerdings gibt es hier das große praktische Problem, dass sehr komplexe Tests kaum noch zu interpretieren sind. Die Ergebnisse sind schwierig zu vermitteln und somit kaum handlungsführend.

## Leseempfehlung

*Quantitative Methoden 1 + 2 (Rasch, Friese, Hofmann, Naumann).*
Diese Bücher begleiteten mich, damals in der 2. Auflage, durch die erste Hälfte meines Studiums und leisteten selbst bei den statistischen Auswertungen für die Diplom-Arbeit noch gute Dienste. Besonders Teil 1 bietet einsteigergerechte, verständliche und kompakte Erläuterungen zu den wichtigsten Prinzipien und Methoden der Statistik. Daher eine klare Empfehlung für alle, die nach dieser Einführung in die absoluten Grundlagen die Nase noch nicht voll haben. Erhältlich bei Springer: goo.gl/TNvNZz.

# 4. Emotionen

Inhalt:

## 4.1. Einleitung

Emotionen sind wichtige Funktionen der menschlichen Psyche. Im Marketing bringt es klare Vorteile, zumindest Grundzüge der subjektiven Gefühlswelt zu verstehen. Denn Emotionen sind ganz zentrale Anreize, die zum Handeln motivieren.

**Begriffsklärung: Emotion**

Zu Anfang eine kurze Begriffsklärung: Hier wird Emotion als Oberbegriff verwendet und schließt die verwandten Konzepte Stimmungen, Gefühle und Affekte recht undifferenziert mit ein. Penibel und völlig korrekt ist das nicht, denn laut Definition handelt es sich schon um unterschiedliche Dinge:

- Eine **Emotion** ist ein qualitativ beschreibbarer und zeitlich begrenzter psychischer Zustand der mit gefühlsmäßigen, kognitiven, körperlichen und motivationalen Erlebnissen und Anzeichen einhergeht und zu bestimmten Handlungen führen kann.
- Ein **Gefühl** ist das subjektive Erleben einer Emotion.

- Beim **Affekt** handelt es sich um eine kurzfristig und intensiv erlebte Emotion, welche eventuell mit dem Verlust der Handlungskontrolle einhergeht (z. B. vor Zorn mit der Faust auf den Tisch schlagen, ohne es bewusst zu wollen).
- Eine **Stimmung** ist ein zeitlich länger ausgedehnter, qualitativ beschreibbarer Erlebnishintergrund. Stimmungen sind weniger intensiv und variabel als Emotionen und können nicht auf einen Auslöser zurückgeführt werden („Ich bin heute einfach gut drauf!").

## 4.2. Grundemotionen

Wie viele basale, allgemeingültige Basisemotionen gibt es überhaupt? Soll heißen: Welche Emotionen kennt absolut jedes menschliche Wesen, ganz gleich, wie es sozialisiert und aufgewachsen ist? Selbst bei dieser scheinbar einfachen Frage sind sich Psychologen und Emotionsforscher nicht einig. Alle Emotionen, zu denen es einen klaren, einzigartigen Gesichtsausdruck gibt, werden von praktisch allen Forschern anerkannt, also Freude, Zorn, Trauer, Ekel, Furcht, Überraschung:

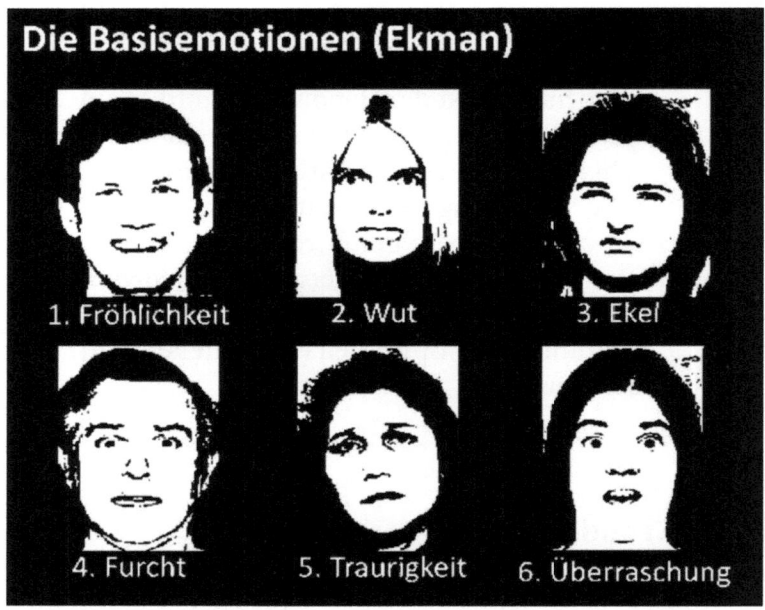

Die Basisemotionen (Ekman)

1. Fröhlichkeit    2. Wut    3. Ekel

4. Furcht    5. Traurigkeit    6. Überraschung

Alles, was darüber hinausgeht, etwa Neid oder Stolz, bietet schon wieder Grund zum wissenschaftlichen Disput. Denn diese „höheren Emotionen" basieren auch auf Kognition, also Gedanken. Stolz beispielsweise wird man nur auf etwas sein, das für andere Menschen im sozialen Umfeld ebenfalls erstrebenswert erscheint. Erreicht oder erhält man etwas, das für andere völlig uninteressant oder sogar negativ besetzt ist, freut man sich zwar, Stolz empfindet man dabei dann allerdings nicht. Die absolute Anzahl und korrekte Klassifizierung von Emotionen bleibt also weiterhin offen ist (meiner Meinung nach eher eine Definitionsfrage als mangelnde Forschung). Daher findet man auch verschiedenste Theorien und Einordnungsversuche für Emotionen.

Das Mindestmaß an Klassifizierung, auf das sich Forscher einigen können, ist das nach Valenz (positives vs. negatives Erleben) und Intensität (starke Aktivierung vs. keine Aktivierung):

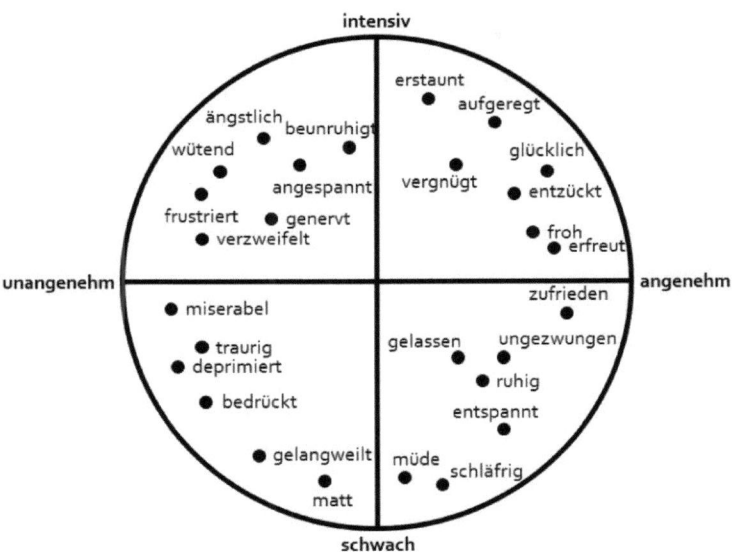

Wissenschaftlich betrachtet sind Emotionen also ein schwieriges Thema mit vielen verschiedenen theoretischen Ansätzen. Eine (sehr) detaillierte Betrachtung von psychologischer Seite findet sich unter goo.gl/hQPtJh.

Nun gehen wir aber schnell zu den Aspekten von menschlichen Emotionen über, die für Online-Marketer relevant sind.

## 4.3. Emotionale Kaufentscheidungen

Besonders in der Automobilindustrie hört man diese
These immer wieder: „Der Kunde verliebt sich in ein
Auto und braucht die technischen Daten eigentlich nur,
um die Entscheidung im Nachhinein vor sich selbst zu
rechtfertigen". Ein interessanter, unter Verkäufern be-
kannter Ansatz, der auch wissenschaftlich gut gestützt ist
(siehe goo.gl/yIOlUD, goo.gl/8iYWde und
goo.gl/lDK5P4).

Tatsächlich wird die Frage nach der Reihenfolge von bewusster Entscheidung und Handlung von den sogenannten „Neurowissenschaften des freien Willens" auf die
Spitze getrieben. Dabei handelt es sich um einen Zweig
der Neurophilosophie, der der kontroversen Frage nach-
geht, ob der freie Wille tatsächlich frei, oder aber nur
eine Illusion ist. Fundament für die Annahme einer nach-
gelagerten Illusion von freier Kontrolle sind Studienergebnisse. So konnte 2008 beispielsweise mit modernen
Gehirnscan-Technologien einigermaßen zuverlässig vor-
hergesagt werden, ob Versuchspersonen einen Knopf
drücken würden – und das bis zu zehn Sekunden bevor
Teilnehmer angaben, eine Entscheidung getroffen zu haben.[1] Fraglich bleibt natürlich, inwiefern sich diese Er-

---

[1] Soon, C. S.; Brass, M.; Heinze, H.-J.; Haynes, J.-D. (2008). Uncon-
scious determinants of free decisions in the human brain. *Nature
Neuroscience.* 11 (5), 543–5.

gebnisse auf sehr bewusste Entscheidungen und langfristige Planungen übertragen lassen (vgl. Kapitel 11 zu Neuromarketing).

Widmen wir uns nun aber den Emotionen, die vom Marketing besonders gut getriggert werden können und das Potenzial besitzen, Kaufentscheidungen zu beeinflussen. Besonders bei negativen Emotionen, die dann eine Handlung zur Vermeidung auslösen, sollte die **ethische Vertretbarkeit** immer kritisch hinterfragt werden, auch wenn sie im Marketing gut funktionieren.

### 4.3.1. Vertrauen

Gute Marken, die nicht nur Stammkunden, sondern geradezu Fans haben, verkaufen nicht nur Produkte oder Dienstleistungen, sondern auch das Gefühl, das Kunden mit ihnen verbinden. Vertrauen spielt dabei eine große Rolle. Dieses wird vor allem durch konstante, gute Leistung erzeugt. Ein einziger Fauxpas kann alles ruinieren. **Qualitätsmanagement** ist für das Vertrauen der eigenen Kunden also das Allerwichtigste. Da gibt es keine Abkürzungen. Darüber hinaus helfen **Transparenz**, kompromisslose Ehrlichkeit und Testimonials oder **Kundenbewertungen** dabei, als vertrauenswürdiges Unternehmen wahrgenommen zu werden.

### 4.3.2. Gier

Letztlich sind wir alle motiviert durch Macht, Besitz, Wissen, Liebe oder andere Ressourcen, die uns viel bedeuten. Wenn Kunden also der Anreiz geboten wird, **mehr** davon im Austausch für möglichst wenig erhalten zu können, horchen diese auf. Dafür muss natürlich bekannt sein, was der Zielkunde eigentlich will. Das ist Aufgabe der Zielgruppenanalyse, häufig indem Maßnahmen der Marktforschung wie Fokus-Gruppen eingesetzt werden.

Danach müssen diese Vorteile gut kommuniziert werden. Beispielsweise ist es bei einem Ballkleid unter Umständen gar nicht so wichtig, woraus es besteht und welche Form der Ausschnitt hat, sondern, dass es die Trägerin zum unangefochtenen Blickfang des Abends macht. Häufig wird hier der Fehler gemacht, dass Eigenschaften von Produkt oder Dienstleistung gezeigt werden, während der entstehende Mehrwert für die Kundin und den Kunden nicht gut herausgearbeitet wird.

### 4.3.3. Stolz und Neid

Soziale Anerkennung ist ein mächtiger Motivator für Menschen.

- Werden Kunden durch den Kauf Teil eines erlesen Kreises?
- Wie erfahren sie das und was erhalten sie, um das wirksam nach außen zu zeigen?

Das sind hier wichtige Fragen, die Vermarkter beantworten müssen, um Kunden stolz zu machen – und alle anderen neidisch. Denn nicht jedes Objekt wird öffentlich präsentiert wie Kleidung, Auto und Co. Das gilt besonders für digitale Produkte. Ein Positivbeispiel wäre die Premiummitgliedschaft bei Xing. Sie bringt zwar nette Funktionen mit sich, für viele User wird das Symbol neben dem eigenen Profilbild die Entscheidung dafür ebenfalls entscheidend beeinflussen.

### 4.3.4. Scham

Als Gegensatz zum Stolz funktioniert das Gefühl der Scham natürlich genauso gut – nur eben mit der Motivation, Gesichtsverlust und Schmach zu vermeiden. Und im Unterschied zum Neid gibt es hier nicht einige wenige Menschen, zu denen man aufblickt. Bei der Scham geht es eher um einen empfundenen Makel, mit dem man selbst in der Minderheit ist und womöglich ausgegrenzt wird. Wobei der Übergang hier fließend ist. Nehmen wir einmal an, in einem Freundeskreis besitzen neun von zehn Personen ein iPhone. Ist der eine Mensch mit einem anderen Handy dann noch neidisch, oder schämt er sich schon dafür, keines zu haben?

Tatsächlich schaffen es findige Vermarkter, die eigenen Produkte und Dienste im Alltag als Selbstverständlichkeit darzustellen. Wer diese nicht besitzt, bekommt das Gefühl, etwas zu verpassen oder gar an der eigenen Zurechnungsfähigkeit zweifeln zu müssen.

Gut funktioniert das mit umweltfreundlichen oder Fair-Trade-Produkten, prinzipiell aber mit allem, das zu einem gesunden, sparsamen, guten Leben verhelfen soll – ja, sogar mit Glühbirnen. Der kurze Werbespot von Cree zeigt das par excellence: goo.gl/jVd2yB

### 4.3.5. Angst

Die moderne Angst hat kaum noch etwas mit ihrem ursprünglichen lebenserhaltenden Instinkt als Schutzfunktion zu tun. Heute haben wir Angst davor, im Leben zu versagen, nicht geliebt zu werden, keine Freunde zu haben oder einsam zu sein. Im Prinzip haben wir also Angst davor, sozial nicht akzeptabel zu sein und uns schämen zu müssen (siehe 4.3.4.).

Doch auch die „echte" Angst vor Gefahr für Leib und Besitz gibt es noch und in der Werbung wird sie gerne genutzt, weil sie effektiv ist. Die rasant steigenden Verkaufszahlen von SUVs wie Hummer und Co in den USA führen beispielsweise einige Experten auf die Anschläge vom 11. September 2001 zurück. Denn so merkwürdig es klingen mag, viele US-Bürger scheinen sich aus unerfindlichen Gründen in diesen Autos sicherer zu fühlen.[2]

Beim sogenannten **Shockvertising** werden bewusst grausame Bilder und Szenarien genutzt, die erschrecken und wachrütteln sollen. Es wird besonders häufig von Non-Profit-Organisationen (PETA, Green Peace, Amnesty International etc.) genutzt. Das erscheint logisch, weil diese Organisationen vor allem **gegen** etwas Schlimmes kämpfen, wovon potenzielle Spendengeber im eigenen Alltag zu wenig mitbekommen. Das gilt in ähnlicher Form für Versicherungen.

---

[2] goo.gl/8fSvCZ

Alle anderen Werbetreibenden sollten sich gerade bei der Werbung mit Angst sehr kritisch fragen, ob die eigene Marke nicht lieber mit positiven, erstrebenswerten Erfahrungen assoziiert werden sollte. Einige Beispiele zur kritischen Betrachtung:

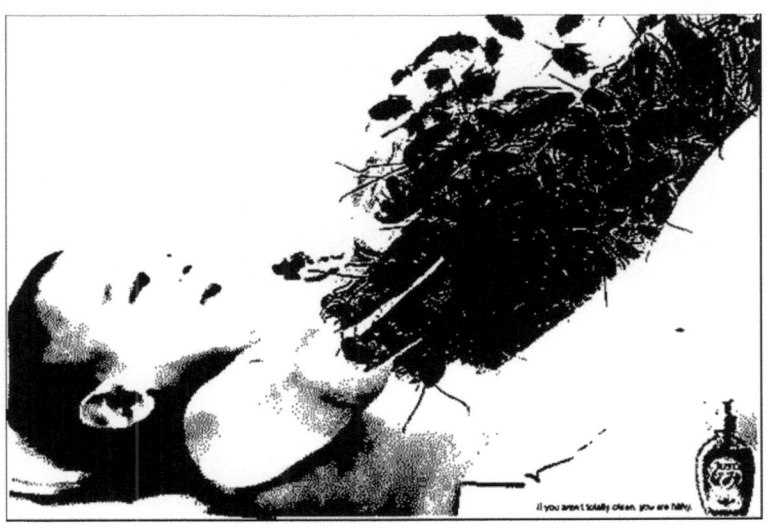

Zu dreckig? Werbetext: *If you aren't totally clean, you are filthy.*

**MORGEN GRAUEN?**

**Keine Angst vor der Zukunft!**
h-da.de/bachelor

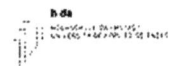

## 4.4. Buyers Remorse

Ein emotionales Phänomen, das besonders bei großen, teuren Anschaffungen und Investitionen beobachtet wird, ist das sogenannte Buyers Remorse, oder zu Deutsch „die Reue des Käufers". Gemeint ist damit die Unzufriedenheit mit einem Kauf im Nachhinein, die regelmäßig in Studien beobachtet wird. Hier einige Erklärungsansätze:

- Vor dem Kauf überwiegen meist positive Gedanken und Vorstellungen davon, wie es nach dem Kauf sein wird.
- Nach dem Kauf werden dann auch negative Seiten bemerkt, z. B. Nachteile der Anschaffung oder die grundsätzlich verminderte Kaufkraft durch den bezahlten Betrag.
- Vor dem Kauf stehen noch alle Optionen der Verhandlung und Auswahl zur Verfügung, inklusive

des Nicht-Kaufs. Nach dem Kauf ist eventuell noch ein Umtausch möglich, der allerdings mit viel höherer psychologischer Überwindung verbunden ist.

Psychologen erklären Buyers Remorse üblicherweise mit der Theorie der **kognitiven Dissonanz**. Diese besagt, dass sich Widersprüche von Gedanken, Überzeugungen oder Werten unangenehm anfühlen. Dabei gibt es drei Faktoren, die kognitive Dissonanz steigern oder mindern:

- **Aufwand:** Die Ressourcen, die in den Kauf investiert wurden (materiell, intellektuell und emotional). Die Gefahr, unangenehme Dissonanz zu verspüren ist in der Regel bei großen und teuren Anschaffungen höher. Wird kaum Überlegung und nur ein geringer Betrag in etwas investiert, kommt es danach logischerweise kaum zu erlebter Dissonanz („Ja, die Limo hier ist nicht die beste und es gibt sicher woanders noch eine billigere, ist jetzt aber egal, weil ich schnell etwas zu Trinken haben will.").
- **Verantwortung:** Wenn der Käufer keine Wahl hat oder aus einem anderen Grund nicht für die Kaufentscheidung verantwortlich ist oder sich nicht verantwortlich fühlt, wird auch keine Dissonanz entstehen („Es gibt nun mal nur einen einzigen Hersteller von zweifach verschweißten, rechtsgebogenen und genoppten Kupfermuffen. Da kann man nix machen.").
- **Commitment:** Mit diesem schlecht übersetzbaren Konzept ist die fortlaufende Bindung gemeint, die

der Kauf mit sich zieht. So wird etwa ein langfristiger Vertrag mit einem Dienstleister oder ein Produkt, das über eine lange Zeit genutzt wird (z. B. ein Auto) zu mehr Dissonanz führen.

## Buyers Remorse reduzieren

Grundsätzlich überwiegen bei normalen Anschaffungen und ohne Hinweis auf eine falsche Entscheidung positive Einstellungen zum erworbenen Objekt. Dieser sogenannte **Endowment-Effekt** lässt sich ins Deutsche nur sperrig als Besitztumseffekt übersetzen. Grundsätzlich beschreibt er einfach das Phänomen, dass Menschen dazu neigen, Dinge im eigenen Besitz als wertvoller einzuschätzen – und das einzig und allein wegen des Besitztums. Die bekannteste Demonstration dieses Effektes ist ein Experiment von Kahneman et al.[3]. Im Experiment wurden zwei Gruppen gebildet. Der ersten Gruppe (den Verkäufern) wurden Tassen ausgehändigt und sie wurden gefragt, welchen Preis (zwischen $ 9,25 und $ 0,25) sie für die Tasse im Fall eines Verkaufs verlangen würden. Der zweiten Gruppe (den Käufern) hingegen wurde die Frage gestellt, welchen Preis sie bereit wären, für die Tasse zu zahlen, um sie zu erhalten. Die durchschnittlich angegebenen Preise lagen mit $ 7,1 bei den Verkäufern

---

[3] Kahneman, D., Knetsch, J. L., Thaler, R. H. (1990). Experimental Test of the Endowment Effect and the Coase Theorem. *Journal of Political Economy*. 98 (6), 1325–1348.

und $ 2,87 bei den Käufern überraschen weit auseinander. Das Ergebnis war selbstverständlich statistisch signifikant (siehe Kapitel 3).

Trotz dieses starken Effektes und der Tendenz, sich die Dinge, die man besitzt oder sogar selbst gemacht hat „schön zu reden", können Kunden unter Umständen Zweifel an einem erworbenen Produkt oder Dienstleistung kommen. Daher kann es durchaus helfen, einige Maßnahmen zu ergreifen, die **Buyers Remorse verhindern oder abschwächen**.

Anhand des Erklärungsmodells der kognitiven Dissonanz sind schon Ansatzpunkte erkennbar, wie die Reue nach einem Kauf reduziert werden kann. Soweit es möglich ist, sollte der **Aufwand** bis zum schlussendlichen Kauf reduziert werden, d. h. im Idealfall gibt es einen optimierten Prozess für die Lead-Generierung, Qualifizierung, Beratung und den Abschluss mit wenigen Kontaktpunkten und guten, verständlichen Erklärungen für den Käufer. Die **Verantwortung** kann man als Verkäufer oder Marketer zumindest insofern kontrollieren, dass nicht zu viele andere Optionen und Varianten zur Auswahl gestellt werden (Stichwort Paradox of Choice, siehe 8.4.2.). Auch das **Commitment** lässt sich reduzieren und aus unserer heutigen kommerziellen Welt kennen wir viele Möglichkeiten dies zu tun. Langfristige Verträge mit Dienstleistern mit einem Mobilfunkanbieter kann ich als Kunde beispielsweise mit einer Pre-Paid-Lösung komplett umgehen. Und beim Auto zerbrechen sich Kunden den Kopf über die Langlebigkeit des Modells auch nur bedingt, wenn es sich um ein Leasing-Fahrzeug handelt. Dieses Konzept lässt sich noch auf viele weitere Branchen übertragen, die im Moment mit unnötigem Buyers Remorse kämpfen. Ganz ähnlich funktionieren auch gängige Geld-zurück-Garantien, kostenloser Rückversand und andere Maßnahmen, die eine Transaktion weniger bindend machen oder erscheinen lassen.

**Nachkaufwerbung** kennen die Allermeisten (wenn auch nicht unter diesem Namen). Es sind die Hochglanzbroschüren mit Marketing-Blabla auf denen steht „Viel Spaß mit Ihrem neuen X!". Das ist eine klassische Maßnahme zur Vermeidung von Buyers Remorse. Denn der Kunde könnte ja auf die Idee kommen, doch noch einmal das Konkurrenzprodukt anzuschauen. Die Alternative, nämlich das zu lesen, was direkt vor den Augen des Käufers platziert wird, ist allerdings viel einfacher und bestätigt zudem die Meinung, die sich der Kunde vorab schon gebildet hatte. Und das fühlt sich immer sehr gut an, weil keine kognitive Dissonant entsteht. So wird sich jeder darüber freuen, wenn das Autohaus im Nachhinein nochmals zu der Entscheidung für „Ledersitze aus italienischem Nappa-Leder in der Trendfarbe Latte Macchiato" gratuliert. Gleichzeitig wird das Konkurrenzprodukt, das noch in Betracht gezogen wurde, hoffentlich vorerst vergessen.

Bei kleineren Produkten sind uns auch **Coupons** für zukünftige Einkäufe oder andere, nette, kleine Beilagen bestens bekannt. Diese haben gleich mehrere Vorteile:

- Der Kunde hat eine weitere Begründung für die Kaufentscheidung durch den Coupon.
- Der Kunde kauft mit größerer Wahrscheinlichkeit wieder.

- Bei jedem weiteren zufriedenstellenden Kauf
  wird Buyers Remorse unwahrscheinlicher.

## 4.5. Zusammenfassung

Bewusst provozierte emotionale Kaufentscheidungen
werden immer ein zweischneidiges Schwert bleiben. Besonders durch negative Emotionen hervorgerufene Handlungen sind nicht gut geeignet, um dadurch Gewohnheiten zu erzeugen und Stammkunden zu gewinnen. Das gelingt besser mit positiven Belohnungen. Über die Macht
der Emotionen von menschlichen Kunden, die in einer
sozialen Welt leben, sollte sich allerdings jeder Online-
Marketer voll bewusst sein und diese – soweit ethisch
vertretbar – zum eigenen Vorteil nutzen.

# 5. Motivation

Motivation, oder einfach ausgedrückt, der Antrieb zur Handlung, ist eines der interessantesten psychologischen Konstrukte für Marketer. Welche Theorien der Motivation gibt es? Wie lässt sich Motivation durch Online-Marketing erzeugen oder unterstützen?

Inhalt:

## 5.1. Einleitung

Einleitend hier eine kurze **Definition** des Konstruktes Motivation (In der Psychologie ist von Konstrukten die Rede, wenn es um innere Prozesse geht, die zwar theoretisch vorausgesetzt werden, aber nicht völlig klar erlebbar und schon gar nicht betrachtbar sind):

Motivation ist der Zustand, der einen Menschen dazu bewegt, sich für eine bestimmte Möglichkeit zu handeln zu entscheiden, um ein bestimmtes Ergebnis zu erreichen. Motivation sorgt dafür, dass die Handlung (Dauer, Richtung, Intensität) bis zum Erreichen des Ergebnisses oder einer veränderten Motivationslage beibehalten wird. Bei Menschen gehen einzelne Motive dabei weit über biologische Antriebe und Instinkte hinaus und sind häufig durch die Sozialisation erlernt („niedere" vs. „höhere" Motive bzw. Beweggründe).

## 5.2. Intrinsisch vs. extrinsisch

Mit intrinsischer Motivation („von innen her kommend") ist der Antrieb zu einer Tätigkeit von selbst gemeint. Man tut etwas wegen der Tätigkeit selbst („macht Spaß"), also aus Interesse, Neugier, wegen der Herausforderungen oder um die eigenen Fähigkeiten unter Beweis zu stellen. Im Gegensatz dazu bezeichnet extrinsische Motivation den Antrieb zur Handlung, der durch externe Anreize ausgelöst wird (Belohnung oder Bestrafung).

Interessant ist bei dieser Unterscheidung besonders, dass es einen gut belegten, kontraintuitiven Effekt von Belohnungen gibt, den **Korrumpierungseffekt**. Die am häufigsten zitierte Studie zu diesem Phänomen stammt von Lepper, Greene und Nisbett (1973)[4]. Die untersuchten Kleinkinder sollten zunächst einfach Bilder malen. Die Kinder wurden in drei Gruppen aufgeteilt. In der ersten Gruppe wurde den Kindern eine Belohnung für das Malen versprochen („expected reward"). In der zweiten Gruppe wurde den Kindern nach dem Malen eine überraschende Belohnung gegeben. In der dritten Gruppe wurde gar keine Belohnung vergeben. Nach ein bis zwei Wochen wurden die Kinder beim Malen beobachtet. Kinder, die in der ersten Phase eine Belohnung für das Malen erwarteten, verbrachten weniger Zeit mit Malen und malten schlechtere Bilder als Kinder in den anderen beiden Gruppen.

Erklärt werden diese Befunde erneut mit **kognitiver Dissonanz**. Das heißt, die Einstellung „Ich tue das hier, weil ich gleich eine Belohnung dafür erhalte" scheint besser zum eigenen Verhalten zu passen als „Ich tue das hier, weil es Spaß macht". Dementsprechend wird das eigene Verhalten angepasst und tatsächlich nicht mehr zum Selbstzweck gemalt.

---

[4] Lepper, M. R., Greene, D., & Nisbett, R. E. (1973). Undermining children's intrinsic interest with extrinsic rewards: A test of the "overjustification" hypothesis. *Journal of Personality and Social Psychology.* 28, 129–137.

Schon 1959 fanden Festinger und Carlsmith Befunde, die das Erklärungsmodell der kognitiven Dissonanz plausibel machen. [5,6] Die Versuchspersonen nahmen an einem zweistündigen, extrem langweiligen Experiment teil (Sie sollten Spulen aufwickeln und dabei für eine halbe Stunde nur die eine Hand und dann für die nächste halbe Stunde nur die andere Hand benutzen. Dann sollten sie 48 quadratische Holzstöpsel einen nach dem anderen um 90 Grad drehen und nach dem letzten Stöpsel wieder von vorne anfangen). Beim Verlassen des Versuchsraumes sollten sie den wartenden Personen sagen, dass die Teilnahme interessant sei. Unterteilt in zwei Experimentalgruppen erhielten die Versuchspersonen dafür (1) einen Dollar oder (2) 20 Dollar. Noch später wurden sie gefragt, wie sie das Experiment fanden. Das überraschende Ergebnis zeigt, dass die Personen, die nur einen Dollar für die Lüge erhalten hatten, bei der Befragung tatsächlich angaben, das Experiment sei interessant gewesen. Diejenigen, die 20 Dollar erhalten hatten, erzählten den Wartenden zwar dieselbe Lüge, bewerteten bei der Befragung danach das Experiment aber als langweilig und uninteressant (genau wie die Kontrollgruppe, die keine Lüge erzählt und keine Bezahlung erhalten hatte).

---

[5] Festinger, L.; Carlsmith, J. M. (1959). Cognitive consequences of forced compliance. *The Journal of Abnormal and Social Psychology.* 58 (2), 203–210.

[6] Mehr zur Theorie der kognitiven Dissonanz: goo.gl/ShurhM

| | **GRUPPE** | | |
| **FRAGE** | Kontroll-gruppe | Ein Dollar | 20 Dollar |
| --- | --- | --- | --- |
| Wie angenehm waren die Auf-gaben? (von -5 bis +5) | -0.45 | **+1.35** | -0.05 |
| Wie viel hast Du gelernt? (von 0 bis 10) | 3.08 | 2.80 | 3.15 |
| Wie wichtig war das Experiment für die Wissen-schaft? (von 0 bis 10) | 5.60 | 6.45 | 5.18 |
| Bist Du bereit, bei einem ähnli-chen Experi-ment mitzuma-chen? (von -5 bis +5) | -0,62 | **+1,20** | -0,25 |

Diese Ergebnisse können mit Hilfe der kognitiven Disso-nanztheorie erklärt werden: Die lächerlich geringe Ent-lohnung (1 $) für die falsche Aussage erzeugt kognitive Dissonanz, denn das Verhalten passt nicht zur Einstel-lung und lässt sich nicht auf äußere Faktoren (Beloh-nung) zurückführen. Daher wird die Einstellung einfach an das Verhalten angepasst.

Ein **Praxisbeispiel aus der Online-Welt**, wo Belohnungen die intrinsische Motivation zerstört haben, war Mahalo.com. Das Frage-Antwort-Portal (ähnlich wie Quora oder GuteFrage.net) versuchte Nutzer durch monetäre Anreize zum fleißigen Verfassen von Antworten zu motivieren, was als völliger Fehlschlag endete. Die Bezahlung war erstens nicht lukrativ genug, um einem „echten" Job Konkurrenz zu machen. Zweitens untergrub sie das Antworten aus purem Spaß an der Freude.

Die gegenseitige Beeinflussung von Einstellung und Verhalten sollte dem schlauen Online-Marketer also bewusst sein. Nicht immer ist es die beste Lösung, Menschen für das Verhalten, das wir uns wünschen, mit Geschenken und Rabatten zu überhäufen. Es kann im Nachhinein sogar zu positiveren Einstellungen führen, wenn eine Aufgabe beschwerlich war und es keine Belohnung gab.

## 5.3. Motivationstheorien

### 5.3.1. Triebe und Bedürfnisse

Grundsätzlich richtig ist, dass Menschen durch Bedürfnisse motiviert werden. Neben den biologischen Bedürfnissen (Hunger) sind die bekanntesten und am besten untersuchten psychischen Bedürfnisse folgende:

- Bedürfnis nach sozialer Zugehörigkeit
- Bedürfnis nach Selbstbestimmung/Autonomie/Kontrolle
- Bedürfnis nach positivem Selbstwert

Für allgemeine Motivationstheorien sind Bedürfnisse schwierig, da sie individuell sehr unterschiedlich ausgeprägt sind.

## 5.3.2. Maslow

Die Bedürfnishierarche nach Maslow muss hier in erster Linie wegen ihrem Bekanntheitsgrad aufgeführt werden. Dabei ist die Maslowsche Bedürfnispyramide ein klassisches Beispiel dafür, dass sich Ideen und Modelle, die intuitiv verständlich sind, leichter verbreiten lassen. Das theoretische Fundament und ausreichende **empirische Belege für die Richtigkeit der Annahmen fehlen** nämlich.

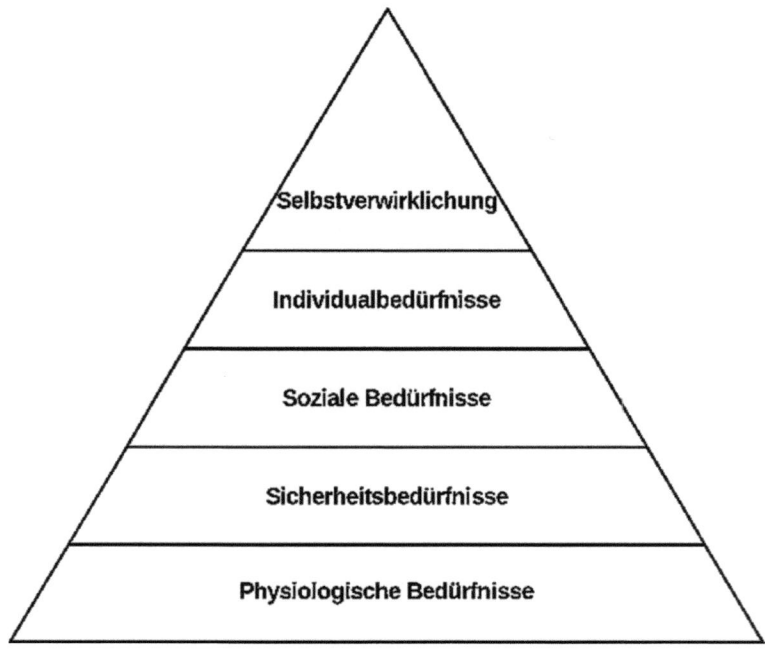

### 5.3.3. Erwartungs-Wert-Modelle

Für moderne Motivationsmodelle zählen individuelle Bedürfnisse weniger. Sie unterstellen Menschen eher gewisse Kalkulationen im Hirn. Dabei handelt es sich natürlich nicht um mathematisch präzise Berechnungsformeln, die bewusst angewandt werden, sondern um grobe und unterbewusste Heuristiken. Hier sind inzwischen diverse Modelle entstanden. Zwei der anerkanntesten sind die Valenz-Instrumentalität-Erwartungs-Theorie (Vroom)[7] und das Erweiterte Kognitive Motivationsmodell (Heckhausen)[8].

Knapp zusammengefasst nehmen Erwartungs-Wert-Theorien an, dass Menschen immer zu der Handlungsoption am motiviertesten sind, deren vorhergesehenes Ergebnis

1. wahrscheinlich durch die Handlung erreicht wird (**Erwartung**)
2. positiv wahrgenommen wird oder viel wert ist (hohe **Valenz**)

---

[7] Vroom, V. H. (1964). *Work and motivation.* New York, NY: Wiley.

[8] Heckhausen, H. (1989). *Motivation und Handeln.* Berlin: Springer (2. Auflage).

An diesen beiden Schrauben kann das Marketing gezielt drehen:

Erstens lässt sich der wahrgenommene Wert von Produkten und Dienstleistungen durch geschickte Kommunikation steigern (Valenz). Im Prinzip betrifft das also das tägliche Brot von Werbefachleuten. Im Detail werden wir uns mit der menschlichen Wahrnehmung und den Lektionen daraus für das Marketing anschließend in Kapitel 6 beschäftigen.
Zweitens sollte die Erwartung, dass die Transaktion auch zum gewünschten Ergebnis führt, möglichst hoch sein. Das kann unter anderem durch kostenlose Demos, Erfahrungsberichte anderer Kunden, Garantien und Rückgaberechten erreicht werden.

Allerdings werden auch Erwartungs-Wert-Theorien der Motivation zurecht kritisiert. Die psychologische Forschung zeigt immer wieder, dass Menschen nur sehr eingeschränkt rational handeln. Damit ist die wichtigste Grundannahme vieler kognitiver Modelle gar nicht gegeben.

## 5.4. Gewohnheiten

Ein weiterer, gewichtiger Kritikpunkt an praktisch allen Motivationstheorien ist die Tatsache, dass ein mächtiger Motivator, nie so recht hineinpassen mag:
Die Macht der Gewohnheit.

Im Online-Marketing sind Gewohnheiten immer dann besonders relevant, wenn es um Produkte oder Services geht, bei denen Kaufzyklen relativ kurz sind. Das kann man sich besonders gut anhand eines Onlineshops für Konsumgüter wie Kaffee, Tee oder Wein vorstellen. Weniger relevant ist die Gewohnheitsbildung hingegen etwa beim Online-Vertrieb von Lebensversicherungen, Eheringen (hoffentlich) und vielen weiteren Branchen mit langen Kaufzyklen oder gar einmaligen Transaktionen.

Wie werden Gewohnheiten nun entwickelt? Grundsätzlich ist von einer Gewohnheit immer dann die Rede, wenn eine Verhaltensroutine automatisch oder mit wenig bewusster Überlegung stattfindet. Dabei wird kaum innere Überwindung wahrgenommen, selbst wenn die Tätigkeit anstrengend oder komplex ist.

Damit solch eine Gewohnheit entsteht, muss ein Zusammenhang von Verhalten und positiver Wirkung erlebt und erlernt werden. Interessanterweise erfolgt dieser Lernprozess schneller und vor allem nachhaltiger, wenn die Belohnung variabel ist, also nicht immer auf das Verhalten folgt oder nicht immer mit derselben Intensität.[9]

---

[9] goo.gl/hLEYPe

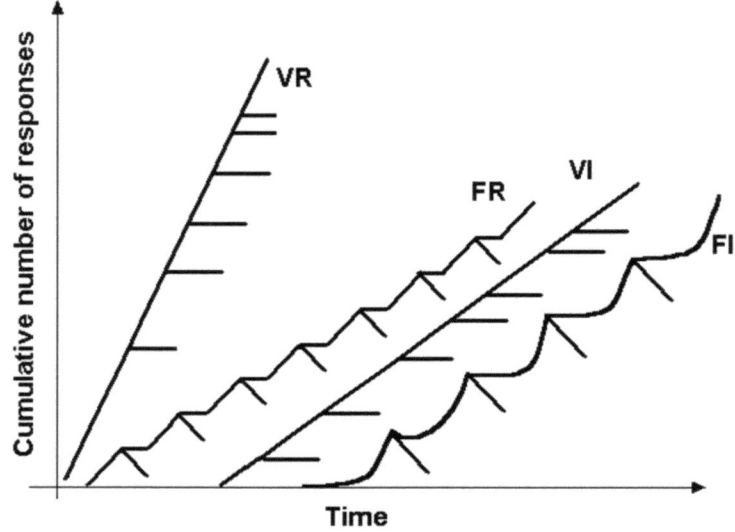

Die hier abgebildeten typischen Lernkurven zeigen klar, dass die variable Verstärkung zu den schnellsten Erfolgen führt. Variable Reward (VR) führt am schnellsten dazu, dass das gewünschte Verhalten häufig und konsistent ausgeführt wird – im Vergleich zu Fixed Ratio (FR), Variable Interval (VI) und Fixed Interval (FI).[10]

Darüber hinaus muss das Verhalten mit einem Auslöser verknüpft werden, damit es wieder und wieder ausgeführt wird und der Lernprozess überhaupt stattfinden kann. Anfangs werden diese Trigger meistens externe sein,

---

[10] Quelle und mehr Informationen: goo.gl/oJCQ1s

z. B. ein Rabattcode für die nächste Bestellung oder ein E-Mail-Newsletter mit aktuellen Angeboten. Nach und nach können die externen Trigger durch andere externe oder interne Auslöser ersetzt werden. So kann ein anderes Verhalten, eine bestimmte Situation, ein Gefühl oder ein Gedanke zum neuen verknüpften Trigger werden. Je nach Abstand und Häufigkeit von Auslöser, Verhalten und Belohnung bildet sich die Gewohnheit schnell aus oder langsam. Eine neuere Unterform der bewusst geförderten Gewohnheitsbildung, besonders bei Online-Communities und Apps ist **Gamification**.

Für Marketer ergeben sich diese zentralen Fragen zu Gewohnheiten:

- Ist Gewohnheitsbildung für mein Produkt/Service überhaupt von Bedeutung?
- Welches Verhalten wünsche ich mir vom User?
- Wie kann ich das Verhalten (variabel) belohnen?
- Wie kann ich das Verhalten extern triggern?
- Mit welchem anderen Trigger (Situation/Gefühl/Gedanke/Verhalten) kann ich meinen Trigger verknüpfen?

## 5.5. Zusammenfassung

Die Welt der Motivation ist faszinierend, weil viele Fragen nach den Beweggründen menschlichen Handelns nach wie vor aus psychologischer Sicht ungeklärt sind. Für Marketer gibt es einige wichtige Tipps aus der Forschung:

1.  Intrinsische Motivation ist nachhaltig und kosten-
    los. Sie sollte auf keinen Fall durch extrinsische
    Belohnung gefährdet werden!
2.  Kognitive Dissonanz ist unangenehm. Einstellun-
    gen führen daher zu passenden Handlungen.
    ABER: Kann die Handlung nicht angepasst wer-
    den, verändern Menschen auch ihre Einstellung,
    damit sie zur Handlung passt.
3.  Bedürfnisse sind je nach Mensch unterschiedlich.
    Im Marketing sollte bei der Zielgruppenanalyse
    besonderer Augenmerk darauf gelegt werden,
    welches Bedürfnis stark ausgeprägt ist: Das Be-
    dürfnis nach sozialer Zugehörigkeit, nach Selbst-
    bestimmung oder nach positivem Selbstwert?
4.  Bei regelmäßigen Handlungen ist die Gewohnheit
    ein mächtiger Motivationsfaktor, weil eine Rou-
    tine ohne Mühe „abgespult" wird. Die einfachen
    Prinzipien von Gewohnheitsbildung (Trigger,
    Verhalten, Belohnung) sollten im Marketing be-
    rücksichtigt werden.

# 6. Wahrnehmung

Inhalt

## 6.1. Einleitung

Grob gesagt ist Wahrnehmung die Aufnahme und Verarbeitung von Reizen aus der Umwelt. Was nicht wahrgenommen wird, kann das Verhalten von Menschen nicht beeinflussen. Online-Marketing sollte das daher berücksichtigen und die richtigen Rahmenbedingungen schaffen. Welche psychologischen Erkenntnisse helfen dabei, Sinneseindrücke im Web so wie gewünscht bei potenziellen Kunden ankommen zu lassen?

Dazu später mehr. Zunächst müssen wir Wahrnehmung möglichst genau definieren.

### Definition:

Wahrnehmung ist der Prozess durch den Menschen die sensorischen Eindrücke der Umwelt in ein kohärentes Weltbild übersetzen. Obwohl dieses Weltbild auf unvollständigen, unzuverlässigen, verzerrten oder falschen Informationen beruht, wird es im subjektiven Empfinden und in der Praxis meist mit der Realität gleichgesetzt. Wahrnehmung steuert dementsprechend Verhalten (Interaktion mit der Umwelt).

Für die meisten praktischen Zwecke funktioniert die menschliche Wahrnehmung auf diese Art und Weise gut. Unserem Gehirn wird eine nützliche Version oder gute Annäherung der realen Umwelt vermittelt. Wir können beispielsweise leicht einen guten Freund von einem Fremden unterscheiden. Durch den Geruchssinn können wir Essbares von Verdorbenem unterscheiden. Laute Geräusche liefern oft Hinweise auf Notsituationen und Gefahren.

Trotzdem gibt es unzählige Einschränkungen und Fehler in der menschlichen Wahrnehmung. Beeindruckende Demonstrationen dieser begrenzten Zuverlässigkeit sind Illusionen und Täuschungen, z. B. optische Täuschungen. Wer eine große Auswahl betrachten und optische Täuschungen so selbst erleben möchte, dem empfehle ich diese Website: goo.gl/WzpqHL.

## 6.2. Faktoren von Wahrnehmung

Für die wissenschaftliche Betrachtung werden einzelne Faktoren definiert, die das Wahrnehmungsergebnis beeinflussen.

### 6.2.1. Exposure

Mit Exposure (wörtlich übersetzt etwa „Aussetzung") ist die Länge und Intensität gemeint mit der man einem Reiz ausgesetzt ist. Auch Wiederholung spielt hier eine Rolle. Das wissen Werbefachfrauen und -Männer, die viel Geld dafür ausgeben, dass Menschen immer und überall mit Logo, Jingle oder Slogan Ihrer Marke konfrontiert werden.
Wissenschaftlich unterstützt wird diese Vorgehensweise

vom Mere-Exposure-Effekt (Effekt des bloßen Kontakts)[11]. Dieser besagt, dass allein die Wahrnehmung eines Reizes ausreicht, um die zukünftige Valenz dieses Reizes („mag ich" vs. „mag ich nicht") positiv zu beeinflussen. Erklärt wird das mit der Verarbeitungsgeschwindigkeit. Der bekannte Reiz kann mental flüssiger Verarbeitet werden, was sich angenehmer anfühlt. Aufgrund einer Fehlattribution dieses Gefühls wird dann der Reiz selbst positiver bewertet.

### 6.2.2. Aufmerksamkeit

Ohne den ersten Punkt im **AIDA-Prinzip** geht nichts. Das Akronym ist im Marketing weit verbreitet. Es steht für

| **A**ttention | **I**nterest | **D**esire | **A**ction |
|---|---|---|---|
| Aufmerksamkeit | Interesse | Verlangen | Handlung |

Wenn ein Reiz über die Sinnesorgane ankommt, aber nicht bewusst beachtet wird, bleibt auf dem Weg zur Handlung nur die Möglichkeit der unterbewussten (subliminalen) Wahrnehmung. Diese muss allerdings kritisch betrachtet werden – nicht nur moralisch und rechtlich. Unterschwellige Werbung funktioniert einfach nicht so, wie Marketer sich das vorstellen.[12]

---

[11] Zajonc, R. B. (1968). The Attitudinal Effect of Mere Exposure. *Journal of Personality and Social Psychology.* 9 (2/2), 1-28.

[12] goo.gl/yL1ld4

Zur Aufmerksamkeit bleibt noch zu ergänzen, dass es zwei grundsätzlich unterschiedliche Modi der Aufmerksamkeitssteuerung gibt: Konzentration und Vigilanz. Mit **Vigilanz** ist hier die allgemeine, nicht zielgerichtete oder zweckgesteuerte Aufmerksamkeit gemeint. Vigilanz wird durch ihren Konterpart, nämlich **Konzentration**, behindert. Wie mächtig unsere selektive Aufmerksamkeit in konzentriertem Zustand ist, zeigt ein sehr unterhaltsames YouTube-Video anschaulich: goo.gl/ZUbGc1.

Erst durch diese mächtige selektive Aufmerksamkeit werden Lerneffekte wie beispielsweise Banner-Blindheit möglich, die es Menschen erlaubt, irrelevante oder gar störende Werbung in seitlichen Menüleisten auf Websites komplett auszublenden.

Klar ist dementsprechend auch, dass User im Web je nach Gemütslage oder aktueller Aufgabe ganz anders mit Websites interagieren. Jemand, der den günstigsten PC mit 16 GB Arbeitsspeicher sucht, wird Websites ganz anders wahrnehmen, als jemand, der sich Bilder anschaut, um sommerliche Deko-Ideen für den eigenen Garten zu erhalten.

### 6.2.3. Interpretation

Menschen verarbeiten Stimuli nie objektiv – im Gegensatz zu einem Mikrofon oder einer Kamera. Praktisch sofort werden Wahrnehmungen gewichtet und eingeordnet:

- Ist das Relevant?
- Überraschend?
- Gefährlich?
- Gut oder schlecht?

Dabei ist dann nicht nur der Reiz selbst ausschlaggebend, sondern auch der Kontext, z. B.

- Wie bin ich gerade gelaunt?
- Vertraue ich dem Sender der Botschaft?
- Bestätigt das Wahrgenommene meine bestehende Weltsicht?
  Stichwort: Confirmation Bias (siehe 8.4.3.)

Eine erstaunliche Kampagne gegen HIV in Simbabwe zeigte, wie im Marketing diese menschliche Interpretation vorteilhaft genutzt werden kann. Da die Bevölkerung dort den Regierungsbotschaften nur bedingt vertraute, wurden Frisöre an Bord geholt, um das Thema in entspannter, vertrauensvoller Atmosphäre anzusprechen.[13]

## 6.3. Die Sinne im Online-Marketing

Im Prinzip kann gleich zu Anfang festgehalten werden: Online-Marketer sollten sich hier wohl oder übel (noch) hauptsächlich auf die Augen konzentrieren. Gutes Web-

---

[13] Kurzes YouTube-Video „Braids not AIDS": goo.gl/FQxadm

design sollte die Blicke der Besucher also auf die wichtigen Elemente zusteuern. Auch gute Online-Texte sollten berücksichtigen, wie Texte im Internet gelesen und verarbeitet werden. Alle Tipps zum verfassen guter Web-Texte sind hier zusammengefasst: goo.gl/Yd3p5z.

Um das Thema **Farbpsychologie** im Marketing kommen wir hier nicht herum. Betrachten wir also folgende Infografik. Die dargestellten Farben sind von oben nach unten Gelb, Orange, Rot, Violett, Blau, Grün und Grau.

Im Anschluss sollten wir uns allerdings folgende Einschränkungen der Aussagekraft dieser Grafik vergegenwärtigen:

Farbwahrnehmung ist erstens **kontextabhängig** und zweitens **individuell** sehr unterschiedlich. Darum hat ja auch jeder eine andere Lieblingsfarbe – obwohl das erwiesenermaßen bei den meisten blau ist[14]. Wissenschaftlich betrachtet sind die Erkenntnisse aus der Farbpsychologie nichtsdestotrotz sehr dünn.

### 6.3.1. Bewegliche Objekten, Audio

An dieser Stelle ist Vorsicht geboten. Augen und Ohren sind die einzigen Sinnesorgane, die online erreicht werden können. Beim Sehen achten Menschen neben Farben und Gesichtern ganz besonders auf Bewegungen und verfolgen diese unbewusst mit den Augen. Auch unerwartete Geräusche binden extrem viel Aufmerksamkeit.

Doch nur wegen der theoretischen Möglichkeit ist es noch lange nicht ratsam, aus vollen Rohren auf alle Sinne der User zu feuern. Denn bei den folgenden Werbetechniken gaben die meisten der 605 Befragten an, dass sie als „negativ" oder „sehr negativ" empfunden wurden[15].

---

[14] goo.gl/bvN7P3

[15] Nielsen, J. (2004). The Most Hated Advertising Techniques. Abgerufen im Februar 2017 unter goo.gl/KjLdPd

## Werbetechniken, die im Durchschnitt als „negativ" oder „sehr negativ" bewertet wurden:

- Pop-ups (95%)
- Kein „Schließen"-Button (93%)
- Etwas überlagert das, was ich sehen möchte (93%)
- Keine klare Bezeichnung (92%)
- Element bewegt sich herum (92%)
- Element blinkt (87%)
- Automatisch abgespielter Sound (79%)

Bei der qualitativen Analyse fällt ebenfalls auf, dass einige Teilnehmer sehr irritiert und verärgert auf Marketing-Maßnahmen reagierten. Ein User schrieb bezogen auf eine Anzeige, die automatisch Ton abspielte:

*WENN IRGENDETWAS SCHLIMMER ALS POP-UPS SEIN KANN, DANN DAS. ICH HASSE DIESE ANZEIGE. HASS, HASS, HASS.*

Auch wenn die zitierte Studie schon älter ist – sie stammt aus dem Jahre 2004 – wurden hier Ergebnisse aus den beiden Vorjahren repliziert und es gibt keinen offensichtlichen Grund, warum sich die Wahrnehmung dieser Reize auf Websites verändert haben sollte. Plausibler ist, dass Pop-ups/Overlays, bewegliche Objekte und automatisch abgespielte Sounds heute als noch störender empfunden werden. Denn inzwischen wird das Web überwiegend auf Mobilgeräten mit kleineren Bildschirmen genutzt.

## 6.3.2. Andere Sinne

Wie bereits angedeutet, gibt es (noch) keine Möglichkeit, für Online-Marketer die anderen Sinne (Riechen, Tasten, Schmecken) über die Website zu erreichen. Für die Kundenbindung spielt das haptische Empfinden (Tastsinn) auch bei Onlineshops natürlich eine wichtige Rolle, nachdem die erste Bestellung aufgegeben wurde. Was genau bei der Verpackung zu beachten ist, um Kunden zu begeisterten Fans zu machen, wird hier gut erklärt: goo.gl/wcF6Si.

Im Ladengeschäft können hingegen alle Sinne durch Werbemaßnahmen erreicht werden. Viele Franchise-Geschäfte und Hotels setzen daher beispielsweise schon länger auf Duftmarketing, also die gezielte Beduftung von Räumlichkeiten für Kunden zur Verkaufsförderung.

## 6.4. Wahrnehmung von Kontrolle

Wir Menschen lieben Situationen, in denen wir alles unter Kontrolle haben – Situationen, in denen unsere Umwelt und Artgenossen sich berechenbar verhalten. Logisch, denn dann können wir uns ganz sicher fühlen. Dabei entspricht die **wahrgenommene Kontrolle**, wie andere Wahrnehmungen auch, nicht zwangsläufig der Realität. Nichtsdestotrotz leistet sie einen großen Beitrag zum Wohlbefinden. Tatsächlich wurde in Studien herausgefunden, dass wahrgenommene Kontrolle ein wichtiger Faktor zur Vorhersage von psychischer und körperlicher Gesundheit ist. Menschen, die mehr eigene Kontrolle wahrnehmen, sind weniger gestresst, fühlen seltener Apathie und Verzweiflung, leben gesünder und sogar länger.[16]

## 6.4.1. Reaktanz

Die Wahrnehmung von Kontrolle fühlt sich also angenehm an und geht mit allgemeiner Lebensqualität einher. Dementsprechend negativ reagieren Menschen dann auch darauf, wenn die wahrgenommene Kontrolle über eine Situation eingeschränkt wird. Psychologen nennen dieses Gefühl der Bevormundung und eingeschränkten Freiheit **Reaktanz**[17].

---

[16] Infurna, F. J.; Ram, N.; Gerstorf, D. (2013). Level and change in perceived control predict 19-year mortality: Findings from the Americans' changing lives study. *Developmental Psychology*, 49(10), 1833-1847.

[17] Brehm, S. S., & Brehm, J. W. (2013). *Psychological reactance: A theory of freedom and control*. Academic Press.

Im Online-Marketing sollten besonders die folgenden Maßnahmen mit Vorsicht genossen werden, weil sie Reaktanz bei Nutzern auslösen können:

- Produktempfehlungen basierend auf gekauften oder betrachteten Produkten
- Retargeting bzw. Remarketing: Besucher einer Seite werden anschließend auf anderen Websites von den angesehenen Angeboten „verfolgt"
- Unkontrollierbare Werbeeinblendungen Beispiele: Pop-ups auf Websites oder in Apps, Werbeclips vor oder während Videos
- Personalisierte Werbung, die an gesammelte Daten erinnert Beispiel: Geburtstagsmails an Newsletter-Abonnenten
- Erfassung von unnötigen Daten Beispiel: Telefonnummer als Pflichtfeld bei Abschluss eines Zeitungsabonnements

Datenbasierte, individualisierte Online-Werbung funktioniert als Teil des Performance-Marketing häufig sehr gut, wenn lediglich der erzielte Umsatz oder die Lead-Generierung als Erfolgskriterium festgelegt wird. Die Möglichkeit der Reaktanz sollten Online-Marketer dabei allerdings im Hinterkopf behalten, denn die einhergehenden negativen Emotionen können im Extremfall zur Beschädigung des Images von Unternehmen oder Marke führen.

## 6.5. Markenwahrnehmung

Neben der menschlichen Wahrnehmung im engeren Sinne (sprich: Sinnesreize), sollte auch noch die Wahrnehmung einer Marke angesprochen werden. Hier geht es weniger um die konkreten Stimuli, die über die Sinnesorgane in die bewusste Verarbeitung im Gehirn vordringen, sondern eher darum, wie das Konzept „Marke" vom Menschen erfasst, verarbeitet und abgespeichert wird. Mit allen Details dazu werden wir uns in Kapitel 8 ausführlich beschäftigen.

### 6.5.1. Halo-Effekt

Ein Effekt soll an dieser Stelle schon erläutert werden, weil er sehr schön im Marketing für Produkte und Unternehmen eingesetzt werden kann.

Der sogenannte **Halo-Effekt** (wörtlich auf Deutsch etwa Heiligenschein-Effekt) geht dabei allerdings schon über die reine Wahrnehmung hinaus und müsste eher als kognitive Verzerrung beschrieben werden – also ein Denkfehler, keine Sinnestäuschung. Viele weitere dieser Logikfehler beim Denken (Kognition) Lernen wir in Kapitel 8 kennen. Der Halo-Effekt beschreibt folgendes Phänomen:

Menschen schließen von bekannten Eigenschaften auf unbekannte Eigenschaften von Personen.[18]

Wird beispielsweise eine Person als sympathisch wahrgenommen und der Befragte findet grundsätzlich großzügige Menschen sympathisch, dann wird diese Person auch als großzügiger eingeschätzt.

Für Marken bietet dieses Phänomen viele spannende Ansätze zu außenwirksamen Aspekten, die prägnant von Kunden wahrgenommen werden. Teure Preise und edel anmutendes Webdesign sollten dank Halo-Effekt beispielsweise dazu führen, dass auch die angebotenen Produkte und Dienstleistungen hochwertiger erscheinen.

---

[18] Schmitt, M. (1992). Schönheit und Talent: Untersuchungen zum Verschwinden des Halo-Effekts. *Zeitschrift für experimentelle und angewandte Psychologie*. 39, 475-492.

# 7. Gedächtnis

Inhalt

## 7.1. Einleitung

Viele Maßnahmen im Online-Marketing verfolgen nicht nur das Ziel, eine unmittelbare Handlung auszulösen. Sie sollen zusätzlich oder hauptsächlich ein Image unterstützen oder Informationen liefern, die zukünftige Entscheidungen beeinflussen. Dafür muss der Empfänger der Botschaft sie sich merken und sich zu gegebener Zeit daran erinnern. Grundlagen zu Prozessen und Ebenen des menschlichen Gedächtnisses und Konsequenzen fürs Marketing lernen wir in diesem Kapitel kennen.

## Definition von Gedächtnis:

*Das Gedächtnis ist der Prozess des Behaltens von Informationen über die Zeit.*
- Matlin, 2005[19]

*Das Gedächtnis ist das Mittel, mit dem wir Erfahrungen aus der Vergangenheit heranziehen, um diese Informationen in der Gegenwart zu nutzen.*
- Sternberg, 1999[20]

---

[19] Matlin, M. W. (2005). *Cognition*. Crawfordsville: John Wiley & Sons, Inc.

[20] Sternberg, R. J. (1999). *Cognitive psychology (2nd ed.)*. Fort Worth, TX: Harcourt Brace College Publishers.

Es geht beim Gedächtnis also um das Abspeichern und Abrufen von Informationen. Das funktioniert beim Menschen allerdings anders und viel weniger zuverlässig als beispielsweise das Speichern und Laden bei einem Computerprogramm.

## 7.2. Gedächtnisprozesse

Das Gedächtnis wird in der psychologischen Theorie und Forschung in drei zentrale Prozesse unterteilt.

### 7.2.1. Enkodierung

Der Input aus der Wahrnehmung, z. B. visuelle Informationen von den Augen, wird vom Gedächtnis selten in seiner Originalform genutzt. Betrachten wir beispielsweise den Text auf dieser Seite. Hier wird nicht das genaue Abbild von jedem Buchstaben abgespeichert. Im Gegenteil wird sogar kaum visuelle Information im Gedächtnis verarbeitet und gespeichert, sondern die Semantik, also die inhaltliche Bedeutung von Wörtern und Sätzen. Die Umwandlung in eine akustische Einheit nach dem Lesen ist ebenfalls möglich. Beim Vokabellernen beispielsweise „sagen" sich viele Menschen die Wörter immer und immer wieder gedanklich (oder tatsächlich) vor.

Die meisten Informationen fallen beim Enkodieren in eine dieser drei Kategorien:

- Visuell (Bilder)
- Akustisch (Töne)
- Semantisch (Bedeutung)

### 7.2.2. Speichern

Damit sind die Aufnahme ins Kurzzeitgedächtnis und der anschließende Übergang ins Langzeitgedächtnis gemeint. Welche Gedächtnisebenen es gibt und wie der Übergang von Informationen funktioniert erfahren wir unter Punkt 7.3.

### 7.2.3. Abrufen

Besonders offensichtlich ist der Prozess des Abrufens von gelernten bzw. abgespeicherten Informationen, wenn uns etwas „auf der Zunge liegt". Dann wissen wir nämlich ganz genau, dass die Information enkodiert und gespeichert wurde („Ich weiß genau, dass ich das weiß"). Es gelingt uns nur nicht, an das Wissen zu gelangen, sie im Gedächtnis wiederzufinden.

Die Art und Weise, wie eine Erinnerung abgerufen wird, unterscheidet sich bei Kurzzeit- und Langzeitgedächtnis.

Aus dem Kurzzeitgedächtnis wird sequentiell abgerufen. Lässt man Versuchspersonen beispielsweise eine Ziffernfolge lernen und bittet sie dann, die vierte Zahl zu nennen, gehen sie die Liste von Anfang an durch und gelangen so zum Ziel.

Im Langzeitgedächtnis hingegen wird durch Assoziation abgerufen. Das heißt, an eine Information, die mit vielen anderen verknüpft ist, kann man sich leichter erinnern. Dabei handelt es sich meist um Wissen, das wir häufig brauchen. Denn dieses wurde dann in der Regel schon über diverse Pfade abgerufen.

Ein Beispiel:

- In welcher Stadt steht der Eifelturm?
- Welche Stadt wird als Stadt der Liebe bezeichnet?
- Welches ist die am dichtesten besiedelte Großstadt Europas?
- Wie heißt die Hauptstadt von Frankreich?

Nun haben wir das Konzept Paris über verschiedene Wege abgerufen und mit anderen Informationen in Zusammenhang gebracht. In der Folge ist der mentale Fußabdruck oder die Gedächtnisspur breiter und es wird schwieriger, Paris zu vergessen (sprich: das Konzept und das Wort „Paris" nicht mehr abrufen zu können).

## 7. 3. Gedächtnisebenen

### 7.3.1. Sensorisches Gedächtnis

Das sensorische Gedächtnis erlaubt es uns für Sekundenbruchteile, auch nach dem Verschwinden des ursprünglichen Stimulus, einen Sinnesreiz aufrechtzuerhalten. Diese Gedächtnisebene ist automatisch und kaum bewusst kontrollierbar. Ein Beispiel dafür sind die Spuren, die wir bei Lichtquellen im Dunklen sehen, wenn sie schnell bewegt werden. Man neigt dazu, diese Effekte der Wahrnehmung selbst zuzuordnen. Tatsächlich handelt es sich aber um erste Gedächtnisleistungen, die den Weg ins Kurzzeitgedächtnis ebnen.

### 7.3.2. Kurzzeitgedächtnis

Im Kurzzeitgedächtnis, auch Arbeitsgedächtnis genannt, befinden sich Informationen, die im Bewusstsein aktuell aufrechterhalten werden. Ein gutes Beispiel dafür, das wir alle kennen, wäre der Gang zum Supermarkt auf dem man sich immer und immer wieder selbst vorsagt "Milch, Eier, Mehl – Milch, Eier, Mehl – Milch, Eier, Mehl". Durchschnittlich können im Kurzzeitgedächtnis sieben Einheiten für 18 Sekunden abgespeichert werden. Kapazität und Dauer variieren hier stark zwischen Personen, sind von der aktuellen Verfassung abhängig und können durch Training ausgebaut werden. Trainingseffekte entstehen dabei vor allem durch das sogenannte **Chunking**. Dabei werden einzelne Daten zu größeren Klumpen (Chunks) zusammengefasst. Das geht beispielsweise mit vier Ziffern, die als Jahreszahl aufgefasst werden oder Akronyme aus Anfangsbuchstaben (etwa MEM für Milch, Eier und Mehl). Darüber hinaus gibt es noch viele weitere Techniken der Mnemonik, durch die mehr Datenpunkte im Kurzzeitgedächtnis behalten werden können.[21]

---

[21] goo.gl/v1CNZt

### 7.3.3. Langzeitgedächtnis

Werden Inhalte des Kurzzeitgedächtnisses lang und oft genug wiederholt, landen sie irgendwann im Langzeitgedächtnis. Kapazität und Dauer des Langzeitgedächtnisses sind theoretisch unbegrenzt. Was wir als Vergessen bezeichnen, geschieht vor allem dadurch, dass Informationen nicht mehr abgerufen werden können (siehe 7.2.3.). Innerhalb des Langzeitgedächtnisses werden nochmals unterschieden

- das episodische Gedächtnis:
  Hier sind Ereignisse gespeichert (reale und fiktive)
- das semantische Gedächtnis:
  Hier sind Bedeutungen und Zusammenhänge gespeichert
- das prozedurale Gedächtnis:
  Hier sind Handlungen und Abläufe gespeichert, z. B. Schuhe binden

## 7.4. Konsequenzen fürs Marketing

Welche Bedeutung hat die Funktionsweise des menschlichen Gedächtnisses nun für das Online-Marketing?

### 7.4.1. Storytelling

Beim Abrufen von Informationen aus dem Langzeitgedächtnis gibt es ein kontraintuitives Phänomen. An reichere Informationen kann man sich tatsächlich leichter erinnern als an einzelne, unzusammenhängende Fakten. Das erscheint zunächst unlogisch, heiß es doch, dass Menschen (im Gegensatz zu Maschinen) größeren Datenmengen leichter abrufen können als kleinere. Allerdings hängt die Leichtigkeit des Abrufes nicht direkt mit der Menge an Information zusammen, sondern mit den Assoziationen zwischen einzelnen Datenpunkten. Botschaften sollten also keinesfalls durch unnötiges Blabla aufgeblasen werden. Eine simple, kurze Botschaft wird immer noch besser verstanden und behalten. Der Punkt hier ist, dass eine lange Geschichte besser erinnert wird als gleich viele unzusammenhängende Daten – etwa Telefonbucheinträge

Im Marketing kann man gut miteinander verknüpfte Informationen vor allem durch Storytelling erzeugen, also indem Werbebotschaften zu einem Produkt oder Unternehmen in einer schlüssigen und mitreißenden Geschichte eingebunden werden. Mehr Hintergrundinformationen zum Storytelling gibt es in Form einer Slideshare-Präsentation unter goo.gl/swSjuw.

### 7.4.2. Wiederholung

Eine Anzeige oder Werbebotschaft häufiger zu zeigen erhöht die Chance, dass sie ins Langzeitgedächtnis übergeht – vorausgesetzt, sie wird auch wahrgenommen. Zu viele Wiederholungen allerdings verschwenden kostbares Medienbudget und können zu negativen Einstellungen der Empfänger zur Anzeige führen. Schon zu Zeiten von Print-, Radio- und Fernsehwerbung, als es noch keine Klickstatistiken oder Interaktionsraten gab, haben Werbetreibende sich Gedanken über die perfekte Anzahl von

Wiederholungen gemacht, die sogenannte **Effective Frequency**. Für die Mediaplanung wurden diverse Modelle entwickelt, doch keines dieser Modelle hat sich als ideal passend erwiesen. Als grobe Orientierungshilfe können sie nützlich sein (siehe 10.4.).

### 7.4.3. Attributionsmodelle

Besonders im Online-Marketing sind Interaktionen mit verschiedenen Kanälen und Werbemaßnahmen gut messbar. Hier wäre dann die schwierige Frage zu beantworten, welche der Botschaften über welchen Kanal hängen geblieben ist und zu Umsatz geführt hat. Welche Attributionsmodelle es gibt und warum keines davon perfekt ist, erklärt Martin Röttgerding sehr anschaulich am Beispiel der Attributionsmodelle in AdWords unter goo.gl/TXvoQb.

# 8. Entscheidungen

Inhalt:

## 8.1. Einleitung

Die Entscheidung – Ladenbesuch, Kauf, Anfrage, Vertragsabschluss etc. – ist das ultimative Ziel von Marketing. Doch egal, wie verführerisch der Weg hin zur Conversion auch gestaltet wird, zum endgültigen „Ja!" können Menschen nicht gezwungen werden. Zum Glück! Der Blick hinter die psychischen Kulissen der Entscheidungsfindung kann aber einen ausschlaggebenden Vorteil verschaffen.

## 8.2. Faule Denker und begrenzte Rationalität

Die Welt ist groß. Um perfekte Entscheidungen zu treffen, müssten Unmengen an Daten einbezogen werden. Die Informationslage bei einer Entscheidung ist allerdings immer eingeschränkt. Denn entweder uns fehlen entscheidende Informationen einfach oder aber wir sind nicht in der Lage, diese mental zu verarbeiten.

Viel erstaunlicher ist, dass Menschen in den allermeisten Fällen nicht einmal alle Daten, die ihnen vorliegen, bei einer Entscheidung berücksichtigen. Wir sind in diesem Sinne faule Denker und nutzen am allerliebsten mentale Daumenregeln und Abkürzungen, sogenannte **Heuristiken**, die mit einem Bruchteil des Gehirnschmalzes näherungsweise zu guten Ergebnissen führen – meistens jedenfalls. Forscher sprechen hier von der eingeschränkten oder begrenzten Rationalität menschlicher Entscheidungen (**Bounded Rationality**).

Einer der wichtigsten Faktoren beim Treffen einer bestimmten Entscheidung ist die Erfahrung aus der Vergangenheit („Lernen"). Dazu gehört, dass Fehler nicht wiederholt werden und erfolgreiche Entscheidungen wiederholt werden. Bei diesen Erfahrungen in Zusammenhang mit dem eigenen Unternehmen, der Marke und den Produkten oder Dienstleistungen ist für Online-Marketer am wichtigsten, dass sie im Gedächtnis bleiben (siehe Kapitel 7).

Daneben gibt es eine lange Liste von **Heuristiken** (Daumenregeln) und **Biases** (Tendenzen), die Menschen unbewusst auf dem Weg zur endgültigen Entscheidung verwenden.

Wann und in welchem Ausmaß Menschen auf solche mentalen Abkürzungen zurückgreifen, versuchen viele Theorien zu erklären. Auf den folgenden Seiten lernen wir zwei der prominenteren davon kennen.

### 8.2.1. Elaboration-Likelihood-Modell

Das **Elaboration-Likelihood-Modell** geht von zwei Systemen aus, die eine empfangene Mitteilung durchlaufen kann.[22]

Die **zentrale Route** der Informationsverarbeitung wird vorzugsweise dann genutzt, wenn der Empfänger dazu in

---

[22] Petty, R. E., Cacioppo, J. T. (1986). The Elaboration Likelihood Model of persuasion. In L. Berkowitz (Ed.), *Advances in Experimental Socialpsychology* (Vol. 19, pp. 123-205). New York: Academic Press.

der Lage ist, die Mitteilung konzentriert zu verarbeiten. Wird das Thema der Botschaft zudem als relevant eingeschätzt oder betrifft den Empfänger persönlich, ist die Motivation zur gründlichen Analyse höher. Daraus folgt dann die kritische Auseinandersetzung mit enthaltenen Fakten (High Elaboration), die das Potenzial zu einer dauerhaften Veränderung von Einstellungen besitzen.

Die **periphere Route** hingegen wird für Botschaften genutzt, wenn Fähigkeit und Motivation zur gründlichen Verarbeitung nicht ausreichen. Das kann beispielsweise bei geringem Interesse für das Thema, Zeitdruck oder Ablenkung der Fall sein. In der Folge wird die Nachricht anhand von oberflächlichen Hinweisreizen bewertet, etwa abhängig von der Quelle oder der reinen Anzahl der Argumente. Fakten werden nicht kritisch hinterfragt (Low Elaboration). Falls eine Einstellungsänderung über die periphere Route überhaupt geschieht, bleibt sie instabil.

### 8.2.2. Ego Depletion

Eine weitere renommierte Theorie, die erklären könnte, wann Menschen rational entscheiden und wann sie sich eher auf das Bauchgefühl verlassen, dreht sich rund um das Konzept der **Ego Depletion**[23] (deutsch etwa „Selbst-Erschöpfung"). Diese besagt, dass Selbstregulation und Disziplin im Prinzip wie ein Muskel funktionieren. Nach einem schwierigen oder langen Akt der Selbstkontrolle

---

[23] Baumeister, R. F.; Bratslavsky, E.; Muraven, M.; Tice, D. M. (1998): Ego depletion: Is the active self a limited resource? *Journal of Personality and Social Psychology*. 74, 1252-1265.

fällt es danach schwerer, niederen Impulsen nicht nach-zugeben. In solch einem selbsterschöpften Zustand (etwa, wenn man fastet oder eine strenge Diät einhält) ist es dann auch viel wahrscheinlicher, dass die mentale An-strengung vermieden und Heuristiken zur Entscheidungs-findung verwendet werden. Ähnliches gilt auch für Zu-stände kognitiver Belastung (**Cognitive Load**), also bei-spielsweise wenn Personen sich während einer Entschei-dung eine mehrstellige Zahl merken sollen.

## 8.3. Heuristiken

Hier wird nur auf ausgewählte Heuristiken eingegangen, die für die Welt des Online-Marketings besondere Rele-vanz besitzen. Darüber hinaus gibt es noch zahllose wei-tere dieser „mentalen Abkürzungen". Tief im menschli-chen Denken verwurzelt, haben sich diese Strategien in-sofern bewährt, dass sie häufig und mit wenig Denkauf-wand zu guten Entscheidungen führen. Die Ergebnisse sind dabei allerdings viel Fehleranfälliger und durch oberflächliche Faktoren beeinflussbar als bei einer be-wussten, rationalen und datengetriebenen Entscheidung

### 8.3.1. Verfügbarkeitsheuristik

Bei der Verfügbarkeitsheuristik geht es um die Frage, welche Beispiele einem Menschen am schnellsten einfal-len, also mental am einfachsten verfügbar sind.

Beispiel:

Fragender: „Was möchtest Du trinken?"

Antwortender:
(denkt: Hmm, was könnte ich denn trinken? Beispiele für Getränke sind Cola, Wasser, Bier...)
„Eine Cola, bitte."

Das spannende an solchen Heuristiken für Marketer ist die Variabilität. Das heißt, durch Reize oder Informationen lässt sich die Verfügbarkeit von bestimmten Konzepten steigern. Im Beispiel oben wäre Cola ohne groß angelegte Werbemaßnahmen über einen langen Zeitraum mental nicht so leicht verfügbar. Aber auch Nachrichten oder Gespräche mit Freunden und Familie beeinflussen die Verfügbarkeit. So wird die Wahrscheinlichkeit von Flugzeugabstürzen, Terroranschlägen oder Raubüberfällen als Todesursache gegenüber Verkehrsunfällen, Übergewicht und Rauchen regelmäßig überschätzt, weil erstere durch die Berichterstattung in den Medien einfach verfügbarer sind.

## 8.3.2. Social Proof

Social Proof meint das Betrachten der Handlungen von anderen Personen, um zu entscheiden, welches die korrekte Entscheidung ist. Im Prinzip also das typische Argument à la „Wenn das so viele tun/haben, kann es ja nicht ganz falsch sein".

Durch Testimonials von einzelnen Kunden, besonders aber durch Werbebotschaften wie „Deutschlands meistverkauftes Waschmittel" lässt sich Social Proof im Marketing prima einsetzen, um die gewünschte Entscheidung auszulösen.

### 8.3.3. Knappheitsheuristik

Rares ist mehr wert als reichlich vorhandenes. So lautet die Grundannahme hinter der Knappheitsheuristik (engl. Scarcity). Im Online-Marketing haben sich diverse Techniken durchgesetzt, um die Begrenztheit von Angeboten darzustellen. Falls es keine **begrenzte Anzahl** gibt oder sich diese nicht glaubwürdig kommunizieren lässt, bleibt als Alternative, **zeitlich begrenzte** Angebote zu machen.

Beispiel: Sowohl Verknappung als auch Social Proof werden von booking.com auf die Spitze getrieben (siehe Abbildung unten). Mit Aussagen wie „Nur noch X Zimmer verfügbar", „X Personen sehen sich das gerade an" oder „Heute schon X-mal gebucht" wird die Begrenztheit des Angebotes stark hervorgehoben. Da ist es leicht vorstellbar, dass diese Präsentation die Entscheidung zur Buchung nicht nur begünstigt sondern auch beschleunigt.

## 8.4. Biases

Durch Heuristiken, wie wir sie im letzten Abschnitt kennengelernt haben, können systematische, irrationale Verzerrungen resultieren. Auf den folgenden Seiten beschäftigen wir uns mit den wichtigsten dieser menschlichen Entscheidungstendenzen. In der wissenschaftlichen Sprache wird als Oberbegriff dafür die englische Vokabel **Bias** verwendet.

### 8.4.1. Anchoring

Anchoring, auch **Ankerheuristik** genannt, beschreibt die menschliche Tendenz, sich von einem ersten Wert bei Einschätzungen und Entscheidungen beeinflussen zu lassen. Dieser Effekt tritt sogar dann ein, wenn Teilnehmern bei einem Versuch bewusst ist, dass der erste Wert rein gar nichts mit der zu treffenden Entscheidung zu tun hat. So war es beispielsweise im Experiment von Tversky und Kahneman[24]: Probanden sollten ein **Glücksrad** drehen, das entweder 10 oder 65 als Ergebnis produzierte. Danach sollten sie schätzen, ob der **Prozentsatz afrikanischer Länder in der UNO** oberhalb oder unterhalb dieser Zahl liegt. Im nächsten Schritt sollten Teilnehmer dann den konkreten Prozentsatz schätzen. Bei einem Ergebnis von 10 am Glücksrad lag der Durchschnitt bei 25

---

[24] Tversky, A., Kahneman, D. (1974). Judgment under uncertainty: Heuristics and biases. *Science, 185,* 1124-1131.

Prozent. Zeigte das Glücksrad 65, dann lag die durchschnittliche Schätzung bei 45 Prozent – ein signifikanter Unterschied.

Im Online-Marketing ist Anchoring ganz besonders bei der Gestaltung von Preisen und Optionen interessant, die gleichzeitig angezeigt werden. So kann eine neue, kostspielige Premium-Version zu erhöhten Verkaufszahlen der regulären Version führen, weil diese im Kontrast nicht mehr zu teuer erscheint. Dabei ist dann auch völlig irrelevant, ob und wie häufig die Premium-Version gewählt wird, sie dient einzig und allein als Anker.

Richtig kontraintuitiv wird es, wenn eine offensichtlich minderwertige Option hinzugefügt wird und sich dadurch die Präferenz für die restlichen Optionen verschiebt. So geschehen im Experiment von Ariely, Loewenstein und Prelec[25]: In der ersten Gruppe wurden zwei Optionen für ein Zeitungsabonnement angeboten. Im zweiten Fall wurde eine mittlere, offensichtlich minderwertige Variante eingeführt. Diese Variante wurde, wie erwartet, nie gewählt. Die eigentlich interessante Erkenntnis allerdings zeigt sich im massiven Unterschied der Beliebtheit der beiden restlichen Optionen (siehe Tabellen unten).

---

[25] Ariely, D., Loewenstein, G., & Prelec, D. (2003). "Coherent arbitrariness": Stable demand curves without stable preferences. *The Quarterly Journal of Economics, 118*(1), 73-106.

| Abo-Typ | Preis | Gewählt von |
|---------|-------|-------------|
| Nur online | $ 59 | 68 % |
| Print + online | $ 125 | 32 % |

| Abo-Typ | Preis | Gewählt von |
|---------|-------|-------------|
| Nur online | $ 59 | 16 % |
| Nur Print | $ 125 | 0 % |
| Print + online | $ 125 | 84 % |

## 8.4.2. Paradox of Choice

Nach dem letzten Experiment, das wir zum Anchoring
kennengelernt haben, könnte es ja so wirken, als ob der
Verkauf des eigentlich wichtigen Produktes gefördert
werden kann, indem man dieses mit möglichst vielen weniger attraktiven Optionen umgibt. Doch Vorsicht! Dem
ist definitiv nicht so. Der Grund ist ein Phänomen mit
dem klangvollen Namen **Paradox of Choice** (auch
Wahlparadoxon). Dieses besagt, dass eine zu große Auswahl dazu führt, dass sich Kunden nicht entscheiden können oder sich mit keiner Entscheidung richtig wohl füh-

len, sodass sie sich seltener für die Transaktion entscheiden. Im Feldversuch wurde das Phänomen unter anderem folgendermaßen aufgezeigt[26]: Zwei Stände mit Gourmet-Konfitüre wurden in einem Kaufhaus aufgebaut. Bei der ersten Variante wurden lediglich sechs Sorten präsentiert, bei der zweiten hingegen 24 Sorten. Nach einem definierten Beobachtungszeitraum lockte die kleinere Auswahl nur 40% aller Besucher an den Stand, während die große Auswahl 60% aller Besucher anzog. Entscheidend allerdings war, dass bei der Geschmacksvielfalt von 24 Sorten nur 2% aller Besucher auch ein Glas kauften. Bei der überschaubareren Auswahl wurden ganze 12% zu zahlenden Kunden.

Im Online-Marketing – besonders bei Onlineshops –kann das Paradox of Choice mit folgenden Tipps vermieden oder abgemildert werden:

- Auswahl ist nicht alles. Eine Verkleinerung des Sortiments mit Fokus auf die Bedürfnisse der Zielgruppe kann zu mehr Umsatz führen.
- Entscheidungshilfen anbieten, etwa mit Tools wie Produktfindern oder persönlicher Beratung
- Eingrenzung der Auswahl einfach machen, etwa mit sinnvollen Filtermöglichkeiten
- Produkteigenschaften übersichtlich gegenüberstellen, z. B. tabellarisch

---

[26] Iyengar, S. S., & Lepper, M. R. (2000). When choice is demotivating: Can one desire too much of a good thing? *Journal of personality and social psychology*, 79(6), 995.

- Wichtige Produkte optisch hervorheben, z. B. als „Bestseller der Kategorie", „Produkt mit Top-Kundenbewertungen", „Preis-Leistungs-Champion" etc.

### 8.4.3. Confirmation Bias

Der Confirmation Bias, auch Bestätigungsfehler genannt, beschreibt die menschliche Neigung, sich Informationen bevorzugt so auszusuchen, dass sie die eigenen Erwartungen bestätigen. Wissenschaftstheoretisch betrachtet wäre dies eine **positive Teststrategie**. Für das Marketing sollte hier besonders interessant sein, dass Kunden ihre Entscheidungen auch im Nachhinein rationalisieren. Es wird also eher Information gesucht, wahrgenommen und selektiv erinnert, die die Überlegenheit des gewählten Produkt oder der gewählten Dienstleistung bestätigt. Mit durchdachtem **Nachkaufmarketing** kann dafür das passende Gedankenfutter geliefert werden.

### 8.4.4. Sunk-Cost-Effekt

Als Sunk Cost Fallacy (zu Deutsch: Fehler der versunkenen Kosten) wird das Phänomen bezeichnet, dass Menschen dazu tendieren, nach großen Investitionen, die ohne Ergebnis geblieben sind, leichtsinnige weitere Kosten auf sich zu nehmen. Theoretisch bzw. für die ökonomisch ideale Entscheidung müssten irreversible Kosten bei der Planung weiterer Ausgaben ignoriert werden. Tatsächlich fließen sie aber in menschliche Entscheidungen immer mit ein. Gedanken wie diesen kennen wir sicher alle:

„Jetzt habe ich schon zwei Jahre lang meine Brillenversicherung bezahlt, wäre doch schade, wenn sie dann ausgerechnet im dritten Jahr kaputt geht"

Nach kurzer Überlegung wird jedoch klar, warum das kein sonderlich intelligenter Gedanke ist: Die Brille ist zwei Jahre lang nicht abhandengekommen, geklaut worden oder kaputt gegangen. Im dritten Jahr ist die Wahrscheinlichkeit dafür nicht höher während der Wert der Brille nur abgenommen hat. Die Versicherung kann ruhigen Gewissens gekündigt werden.

Beispiele für den Sunk-Cost-Effekt gibt es aus den verschiedensten Bereichen. Selbst bei Großprojekten unter Mitarbeit erfahrener Berater und Wirtschaftsprüfer kann dieser Effekt immer wieder beobachtet werden. Beispiele:

- Berliner Flughafen BER
- Stuttgart 21
- Diverse Projekte der Bundeswehr
- Start-ups mit Risikokapital
  (Jeder Venture-Kapitalist dort kennt den Leitsatz „Don't throw good money after bad money!")
- …

Im Online-Marketing lässt sich diese irrationale menschliche Tendenz zum eigenen Vorteil nutzen. Einige Ideen:

- Auktionssystem für den Verkauf nutzen (wie eBay)
- Versicherungen zu Produkten oder Dienstleistungen anbieten
- Testversion nicht kostenfrei anbieten, sondern den Preis für den Testzugang beim Kauf der Vollversion als Rabatt gewähren
- Persönlich beraten, intensiv informieren. Auch Zeit ist eine Investition (zugegeben: hier spielen noch andere psychologische Facetten herein, etwa Reziprozität. Mehr dazu in Lektion 7 im September)

## 8.6. Zusammenfassung

Nur unter extrem seltenen Umständen treffen Menschen annähernd rationale Entscheidungen. Denn selbst wenn alle nötigen Daten vorliegen und Emotion und Motivation die Urteilsfindung nicht behindern, gibt es trotzdem noch diverse Heuristiken. Diese weisen in der Regel den Weg hin zu akzeptablen Entscheidungen. Teilweise resultieren sie aber in Biases, also systematischen Verzerrungen, die dann zu Fehlentscheidungen führen.

Besonders Anchoring und die Verfügbarkeitsheuristik können im Online-Marketing genutzt werden, um dem eigenen Unternehmen einen Vorteil zu verschaffen.

Nach diesen abschließenden Worten zum Kapitel über menschliche Entscheidungen könnte man nun fatalistisch argumentieren, dass wir Menschen offensichtlich gar keine wirkliche Kontrolle haben, weil wir äußeren Einflüssen und Manipulationen hoffnungslos erlegen sind. Eine sehr unterhaltsam Auseinandersetzung damit bietet Dan Ariely, Professor für Verhaltensökonomie, in seinem 17-minütigen Ted-Talk „Are we in control of our decisions?" unter goo.gl/aGZ6au.

# 9. Überzeugen

Erfolgreiches Marketing und gute Werbung müssen nicht trendig, bunt oder teuer sein. Erfolgreich ist die Vermarktung immer dann, wenn sie überzeugt. Denn Überzeugungen – also Wissen, Meinungen und Präferenzen – beeinflussen das Handeln. Wie es gelingt, online zu überzeugen und auf welchen psychologischen Prinzipien die Überzeugungskraft beruht, wird hier beschrieben. Nachdem wir in den vorangegangenen Kapiteln wichtige Grundlagen dafür kennengelernt haben, um Menschen im Web zu überzeugen, geht es nun um fortgeschrittene Erkenntnisse aus der Sozialpsychologie, gängige Überzeugungstechniken und die psychologische Erklärung ihrer Überzeugungskraft.

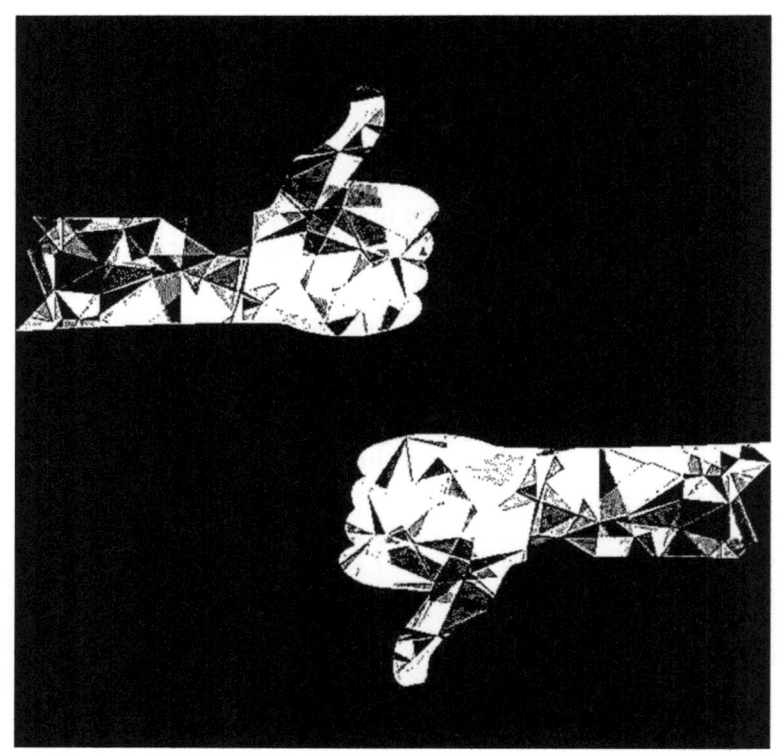

Inhalt:

## 9.1. Framing

Framing beschreibt das Phänomen, dass die sprachliche Verpackung oder Darstellung einer Fragestellung die Antworttendenzen von Menschen beeinflusst. Der Name leitet sich vom englischen Wort für Rahmen ab (Frame). Auf Deutsch könnte man also vom **Einrahmungseffekt** sprechen. Mehrere Beispiele, die sich zuverlässig in Experimenten replizieren lassen, verdeutlichen, was gemeint ist.

Das **Weichenstellerproblem** (Original: Trolley Problem) ist ein Gedankenexperiment:

Im ersten Szenario rast ein Waggon auf eine Gruppe von fünf Personen zu, die auf den Gleisen stehen. Durch eine Weichenstellung wäre es in letzter Sekunde möglich, die fünf Personen zu retten. Allerdings steht auf dem anderen Gleis eine Person, die dann überfahren würde. Was tun? Die Mehrheit entscheidet sich in diesem Fall normalerweise dafür, die Weiche zu stellen und fünf Personen zu retten.

Bei einem zweiten Szenario besteht die Möglichkeit, einen beleibten Mann auf die Gleise zu schubsen, um den Waggon abzubremsen. Obwohl das Ergebnis identisch wäre (einer stirbt, fünf leben), erlebt die Mehrheit in diesem Fall sehr großen Widerstand und kann sich nicht dazu durchringen. Ethisch und moralisch gibt es tatsächlich einen großen Unterschied. Im ersten Fall ist der Tod des einen Menschen ein unerwünschter Nebeneffekt der

Lösung. Im zweiten Fall hingegen ist die Tötung selbst die Lösung, was sich einfach falsch anfühlt.[27]

### 9.1.1. Verlust-Aversion

Abseits von diesen moralischen Finessen gibt es weitere zuverlässige Mechanismen im menschlichen Denken, die zu interessanten Logik-Fehlern führen. Beispielsweise die Verlust-Aversion, die besagt, dass sich ein Gewinn von Betrag X gut anfühlt, doch ein Verlust in der gleichen Höhe X fühlt sich im Vergleich dazu unproportional viel schlechter an.

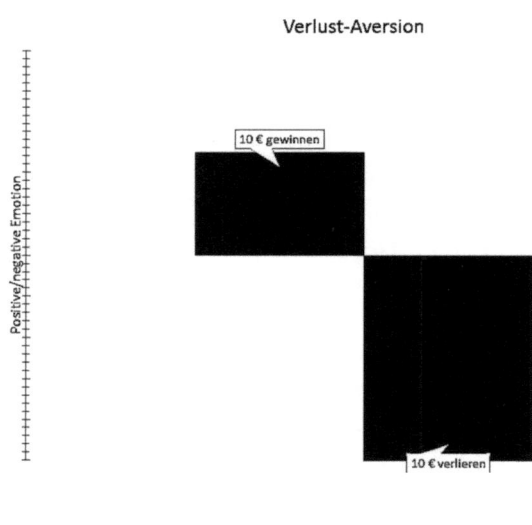

---

[27] Thomson, J. J. (1976). Killing, letting die, and the trolley problem. *The Monist, 59*(2), 204-217.

Diese Asymmetrie kann beispielsweise durch folgende Szenarien gezeigt werden:

## Szenario 1:

Nehmen wir an, die Regierung bereitet sich auf den Ausbruch einer exotischen, asiatischen Krankheit vor. Die aktuellen Schätzungen gehen davon aus, dass die Infektion 600 Personen töten wird. Zur Wahl stehen zwei Programme zur Behandlung.
Bei Programm A werden 200 Personen sicher gerettet.
Bei Programm B werden mit einer Wahrscheinlichkeit von 1 zu 3 alle Menschen gerettet, mit einer Wahrscheinlichkeit von 2 zu 3 wird niemand gerettet.

## Szenario 2:

Nehmen wir an, die Regierung bereitet sich auf den Ausbruch einer exotischen, asiatischen Krankheit vor. Die aktuellen Schätzungen gehen davon aus, dass die Infektion 600 Personen töten wird. Zur Wahl stehen zwei Programme zur Behandlung.
Bei Programm A werden 400 Personen sicher sterben.
Bei Programm B wird mit einer Wahrscheinlichkeit von 1 zu 3 niemand Menschen sterben, mit einer Wahrscheinlichkeit von 2 zu 3 werden alle sterben.

Faktisch gibt es keinen Unterschied zwischen den Programmen in den beiden Szenarien dieses Dilemmas. Der einzige Unterschied besteht darin, dass Szenario 1 positiv eingerahmt ist (Menschen werden gerettet oder nicht) während Szenario 2 negativ eingerahmt ist (Menschen

sterben oder nicht). Dieser feine Unterschied in der Präsentation des Problems führt zu einer interessanten Ent-
scheidungstendenz. Im positiven Szenario entscheiden
sich die meisten Befragten für Programm A (200 Personen sicher retten). Im negativen Szenario hingegen wählt
die Mehrheit der Befragten Programm B (Chance von 1
zu 3, dass niemand stirbt).[28] Durch das Framing erscheint
hier das Programm A (400 sterben sicher) nicht so attrak-
tiv zu sein (Verlust-Aversion). Daher wird lieber die ris-
kante Variante gewählt. In vielen anderen Szenarien
konnte diese Tendenz ebenfalls gezeigt werden (z. B. Fi-
nanz- und Lotterie-Szenarien). Stets entschieden sich
Menschen tendenziell so:

- Wird das positive Ergebnis hervorgehoben:
  Risikovermeidung
- Wird das negative Ergebnis hervorgehoben:
  Risikosuche

Findige Online-Marketer können diese Erkenntnis nutzen, um Angebote überzeugender zu präsentieren.
Handelt es sich um bombensichere Produkte oder Services? Dann sollten diese am besten mit positivem Framing kombiniert werden.
Riskobehaftete Optionen hingegen erhalten die größte
Zustimmung im Rahmen von negativen Formulierungen.

---

[28] Bless, H., Betsch, T., & Franzen, A. (1998). Framing the framing
effect: The impact of context cues on solutions to the Asian disease
problem. *European Journal of Social Psychology*, *28*, 287-291.

## 9.1.2. Endowment-Effekt

Recht ähnlich zur Verlust-Aversion funktioniert der sogenannte Endowment-Effekt (deutsch etwa **Besitztumseffekt**), der besagt, dass Gegenstände als wertvoller wahrgenommen werden, alleine dadurch, dass man sie besitzt. Wir haben diesen schon kurz in Abschnitt 4.4 kennen gelernt.

In einer sehr simplen Studie wurde der Effekt gezeigt, indem der Hälfte der Teilnehmer Tassen gegeben wurden. Anschließend wurden diese gefragt, für wie viel Geld sie ihre Tasse verkaufen würden. Die andere Hälfte der Teilnehmer (ohne Tasse) wurde gefragt, wie viel sie bereit wären, für die Tasse zu bezahlen. Ergebnis: Die Verkäufer forderten mehr als doppelt so viel für die Tassen im Vergleich zum durchschnittlichen Betrag den die Käufer bezahlt hätten.[29]

Die Schlussfolgerung für das Marketing liegt auf der Hand. Sobald irgendwie die Chance besteht, das Produkt in die Hände von potenziellen Kunden zu befördern, sollte sie ergriffen werden. Das geht beispielsweise durch Testphasen, Pröbchen oder eine Geld-zurück-Garantie. Der Besitztumseffekt kann übrigens noch gesteigert werden, indem Produkte individualisiert werden können oder selbst zusammen- oder aufgebaut werden müssen. Ein prominentes Beispiel und Namensgeber des

---

[29] Kahneman, D., Knetsch, J. L., & Thaler, R. H. (1991). Experimental tests of the endowment effect and the coarse theorem. *Quasi rational economics*, 167-188.

**IKEA-Effekts** sind die Möbel des schwedischen Einrichtungshauses.[30]

## 9.2. Reziprozität

In einfaches Deutsch übersetzt bedeutet Reziprozität in etwa Gegenseitigkeit. Sprichwörter verdeutlichen die Bedeutung solcher wechselseitigen Beziehung für das menschliche Zusammenleben:

*Wie Du mir, so ich Dir.*

oder

*Eine Hand wäscht die andere.*

In unserer Erziehung und Sozialisation werden wir (in aller Regel) getrimmt, uns für nettes Verhalten anderer wiederum mit einem Gefallen unsererseits zu revanchieren. Das funktioniert natürlich auch im negativen Sinne:

*Rache ist süß.*

Grundsätzlich trägt dieses Phänomen zur gesellschaftlichen Stabilität bei. Wir sind netter zu unseren Mitmenschen, weil dann die anderen ebenfalls nett zu uns sind.

---

[30] Mochon, D., Norton, M. I., & Ariely, D. (2012). Bolstering and restoring feelings of competence via the IKEA effect. *International Journal of Research in Marketing, 29*(4), 363-369.

Verhalten wir uns anderen gegenüber schlecht, enden wir
bald isoliert und von vielen gehasst. Da wir dieses Beloh-
nungs- und Bestrafungssystem von klein auf erlernen,
wird es praktisch zum Reflex entsprechend auf Verhalten
anderer zu reagieren. So hat sicher jeder schon einmal je-
manden zu seiner Party eingeladen, der eigentlich nicht
unbedingt dabei sein sollte, nur weil man selbst zu der
Party dort eingeladen war.

Bei dieser gängigen menschlichen Praxis wird allerdings
selten auf die Wertigkeit der Gesten, Dienste oder Waren
geachtet. Und genau dadurch lässt sich der Impuls zur
Reziprozität leicht ausnutzen. Als Beispiele sollen hier
einige Techniken aus Vertrieb, Vermarktung und Werbung dienen.

### 9.2.1. Produktproben und kostenlose Tests

Inzwischen haben wir uns vielleicht so sehr an Pröbchen,
Gratis-Abos und Test-Accounts gewöhnt, dass uns diese
Technik fast banal erscheint. Allerdings kann man auch
dabei noch weiter um die Ecke denken. Es gibt beispielsweise Non-Profit-Organisationen, die mit ihren Spenden-
formularen kostenlose Kugelschreiber versenden, was die
Rücklaufquote und den durchschnittlich gespendeten Betrag angeblich stark erhöht haben soll. Ausprobieren
schadet jedenfalls nicht. Im eigenen Online-Marketing
könnte man ja noch einmal überlegen, wo so eine Geste
der „Freigiebigkeit" auf ähnliche Art und Weise möglich
wäre.

### 9.2.2. Information

Natürlich muss das Gegebene nicht immer von materiellem Wert sein. Eine Geste, ein Anruf oder eben exklusive Information, die geteilt wird, kann für den Empfänger ebenso wertvoll sein. Kaffeefahrten oder Tupper-Parties funktionieren nach diesem Prinzip. Eine Überlegung, wenn auch nicht ganz so explizit, könnte etwa so aussehen:

„Jetzt saß ich hier, habe Kuchen gegessen, Tee getrunken und die nette Dame hat mir alles über die neuen Dosen erzählt. Vielleicht sollte ich im Gegenzug jetzt doch etwas kaufen"

Jedenfalls sind diese Verkaufsveranstaltungen erfolgreich. So erfolgreich sogar, dass mit einem ähnlichen Format inzwischen auch andere Waren aus Plastik für den Hausgebrauch beim privaten Kaffeeklatsch angepriesen (Stichwort „Dildo-Parties").

### 9.2.3. Door-in-the-Face-Technique

Bei dieser besonders perfiden Technik gibt der Bittsteller tatsächlich gar nichts. Vielmehr tritt er zu Anfang mit einer sehr großen Bitte an den Empfänger heran. Redensartlich fällt er mit der Tür ins Haus. Die Reziprozität kommt genau dann ins Spiel, wenn nach der zuverlässigen Ablehnung der großen Anfrage ein sehr viel kleinerer Wunsch hinterhergeschoben wird. In einer Verhandlungssituation wäre das ein **Zugeständnis,** auf das von der Gegenseite mit einem Zugeständnis reagiert werden soll – das gehört einfach zum guten Benehmen, weil es eben zur sozialen Norm der Reziprozität passt. Die meisten Opfer der Door-in-the-Face-Technik machen sich dabei nicht bewusst, dass sie sich hier in einer völlig aufgezwungenen „Verhandlungssituation" befinden, weil der mentale Verhaltenskodex so fest verankert ist.[31] Im Beispiel würde diese Technik etwa so funktionieren:

„Ich bin die nächsten zwei Wochen im Urlaub. Würdest Du da jeden Tag zwei Mal mit meinem Hund Gassi gehen?"

„Ähm... nein, das schaffe ich leider nicht..."

„Ach so, schade. Würdest Du dann wenigstens einmal in der Woche vorbeikommen und die Blumen gießen? Danke! Hier ist der Schlüssel."

---

[31] Cialdini, R. B., Vincent, J. E., Lewis, S. K., Catalan, J., Wheeler, D., & Darby, B. L. (1975). Reciprocal concessions procedure for inducing compliance: The door-in-the-face technique. *Journal of personality and Social Psychology, 31*(2), 206.

## 9.3. Konsistenz

Das Bedürfnis nach Konsistenz, also einem gleichbleibenden Selbstbild, wird uns allen – genau wie der Hang zur Reziprozität – von der Gesellschaft anerzogen. Bei genauerer Überlegung ist das auch ziemlich logisch: Mitmenschen, die sich konsistent (verlässlich und beständig) verhalten, sind für uns berechenbarer. Wenn sie sich konsistent positiv verhalten, finden wir das gut. Und weil die meisten von uns sich wünschen, dass andere uns gut finden, versuchen wir uns gleichbleibend und möglichst positiv zu verhalten. Daraus entsteht dann ein Selbstbild, also eine mentale Repräsentation von uns selbst, welches Antworten auf die wichtigsten Fragen zum Selbst beinhaltet:

*„Wer bin ich?"*

*„Was kann ich?"*

*„Was ist mir wichtig?"*

...

Bei psychisch gesunden Menschen ist dieses Selbstbild stabil und schwer zu verändern. Veränderungen des Selbstbildes sind für die betroffene Person unangenehm, weshalb es große Resistenzen dagegen gibt. Genau hier setzen viele Psychotherapien an, weshalb sie für Patienten mit harter Arbeit gegen innere Widerstände verbunden sind – aber das würde hier jetzt zu weit führen.

### 9.3.1. Foot-in-the-Door-Technique

Genau auf das extrem stabile menschliche Selbstbild
setzt jedenfalls die nächste Überzeugungstechnik, die
**Foot-in-the-Door-Technique**. Sie funktioniert etwa so:

„Ich bin die nächsten zwei Wochen im Urlaub. Würdest
Du da ab und an vorbeischauen und die Blumen gießen?"

„Na gut…"

„Toll, hier ist der Schlüssel. Ach, und wenn Du eh schon
da bist, würdest Du dann auch der Katze Futter hinstellen
und das Katzenklo kurz sauber machen?"

„Naja, eigentlich… hmm, ja, ich denke das kann ich dann
auch machen."

Die Erklärung dahinter besagt, dass wir zur Konstruktion
unseres Selbstbildes unsere eigenen Handlungen heranziehen. Am Beispiel:

*Ich tue einem Freund einen Gefallen, also muss ich wohl
ein guter Freund sein.*

Bei der zweiten, größeren Frage kommt dann die **Konsistenz** ins Spiel:

*Wenn ich doch so ein guter Freund bin*
**(und mein Selbstbild zu verändern ist mir viel zu
unangenehm),**
*dann würde ich einem Freund bestimmt auch diese sehr
viel größere und etwas dreiste Bitte erfüllen.*

Hat man also dank des ersten „Ja" einen Fuß in der Tür, stehen die Chancen für weitere Zustimmung bei anschließenden Anfragen gut.

## 9.4. Sympathie

Menschen und Unternehmen, die man gerne mag, sind automatisch auch überzeugender. Doch was kann man tun, um gemocht zu werden?

Zum einen werden **physisch attraktive** Menschen zuverlässig als sympathischer eingeschätzt. Das eigene Aussehen kann man nun kaum beeinflussen. Die Optik des eigenen Web-Auftrittes hingegen schon. Dabei ist es natürlich – selbst unter erfahrenen Web-Designern – immer eine Frage des persönlichen Geschmackes, was am besten aussieht. Insgesamt kann sich die Investition in eine neue, schönere Website aber definitiv lohnen – nicht nur, um sie schöner und schneller zu machen, sondern tatsächlich auch, um sie **überzeugender** zu machen.

Zum anderen empfinden Menschen Sympathie für andere, mit denen sie **etwas gemeinsam haben**. Ist die soziale Identität der Zielgruppe also gut definiert, sollte darauf hingearbeitet werden, Gemeinsamkeiten gezielt zu präsentieren. Dafür bietet sich vor allem die „Über uns"-Seite an. Doch auch in der regelmäßigen Unternehmenskommunikation in Blog, Newsletter und via Social Media kann Sympathie erzeugt werden, indem Gemeinsamkeiten mit dem Publikum betont werden.

## 9.4.1. Ben-Franklin-Effekt

Als kleine Zugabe noch ein schöner, kontraintuitiver psychologischer Effekt: Wen man von einer Person um einen Gefallen gebeten wird, macht das diese Person sympathischer oder unsympathischer?

Der so genannte Ben-Franklin-Effekt besagt, dass man tatsächlich Sympathie-Punkte bei jemandem gewinnt, den man erfolgreich überredet hat, einen Gefallen zu tun.[32] Benannt ist das Phänomen nach Benjamin Franklin, weil er auf einem Zitat und einer Anekdote aus seiner Autobiographie beruht[33]:

*Wer dir einmal einen Gefallen getan hat, wird eher bereit sein, dir einen weiteren zu tun, als derjenige, dem du selbst gefällig warst.*

Die Anekdote bezieht sich auf seinen Umgang mit der Feindseligkeit eines rivalisierenden Gesetzgebers im Pennsylvania des 18. Jahrhunderts:

*Nachdem ich gehört hatte, dass er in seiner Bibliothek ein gewisses, sehr seltenes und besonderes Buch hatte, schrieb ich ihm eine Notiz und drückte meinen Wunsch aus, dieses Buch zu lesen und forderte, dass er mir die*

---

[32] Niiya, Y. (2016). Does a Favor Request Increase Liking Toward the Requester? *The Journal of social psychology*, *156*(2), 211-221.

[33] Franklin, B., Woolman, J., & Penn, W. (1909). *The Autobiography of Benjamin Franklin* (Vol. 1). PF Collier.

*Gunst der Leihgabe an mich für ein paar Tage erweisen möge. Er schickte es sofort, und ich sandte es nach etwa einer Woche mit einem weiteren Brief zurück, in dem ich mein starkes Gefühl der Gunst ausdrückte. Als wir uns das nächste man im Parlament trafen, sprach er mich an (was er noch nie zuvor getan hatte) und zwar mit großer Höflichkeit; Und er hat sich immer wieder bemüht, mir bei allen Gelegenheiten zu dienen, sodass wir große Freunde wurden, und unsere Freundschaft setzte sich bis zu seinem Tod fort.*

Eine Übertragung auf das Online-Marketing fällt bei diesem Effekt allerdings schwer.


## 9.5. Autorität

Seit der Veröffentlichung der zweifelhaften Milgram-Experimente[34],[35] in den 60ern gehen Psychologen davon aus, dass Befehle von einer Autorität extrem überzeugend auf die Mehrheit der Menschen wirken. Etwas schwierig wird es hier, den Transfer zum Marketing zu schaffen. In der klassischen Werbung über Radio, TV

---

[34] Milgram, S. (1963). Behavioral Study of obedience. *The Journal of abnormal and social psychology*, *67*(4), 371.

[35] Haslam, S. A., Reicher, S. D., & Birney, M. E. (2014). Nothing by mere authority: Evidence that in an experimental analogue of the Milgram paradigm participants are motivated not by orders but by appeals to science. *Journal of Social Issues*, *70*(3), 473-488.

und Print und über Push-Kanäle wird das zwar nach dem Motto „Kauf dieses Produkt!" versucht, doch spätestens online funktioniert das nicht mehr. Kunden sind immer informierter, möchten auf Augenhöhe und im Dialog angesprochen werden. Autorität gibt es dann nur noch als thematische Expertise, indem das Profil des Unternehmens oder der Marke als Meinungsführer, Innovationstreiber oder Guru geschärft wird. Mit Markenwahrnehmung und den Konsequenzen für die Markenführung im Online-Marketing werden wir uns im nachfolgenden Kapitel 10 noch ausführlich beschäftigen.

## 9.6. Zusammenfassung

Bei den hier vorgestellten Überzeugungstechniken wir ein großer Makel schnell offensichtlich: Eine **übergeordnete Theorie fehlt** leider. Es bleibt also sehr schwierig, vorab einschätzen zu können, welche Methode am wirksamsten überzeugt und warum. So widersprechen sich einzelne Überzeugungstechniken und die zugrunde gelegten psychologischen Mechanismen bzw. es ist nicht klar, unter welchen Bedingungen eine Technik den Vorrang erhalten sollte. Betrachten wir als Beispiel die Door-in-the-Face-Technik (9.2.3.) und die Foot-in-the-Door-Technik (9.3.1.). Hier ergeben sich zwei komplett gegensätzliche Handlungsempfehlungen:

- **Door-in-the-Face-Technik:** Beginne mit der größeren Anfrage. Zeige bei Ablehnung Dein Entgegenkommen mit einem kleineren Vorschlag. Wegen des Grundsatzes der Reziprozität wird sich das Gegenüber verpflichtet fühlen, nun „Ja" zu sagen.
- **Foot-in-the-Door-Technik:** Beginne mit der kleineren Anfrage. Bei einer Zusage, schlage auch noch etwas Größeres vor. Um konsistent zu bleiben und das Selbstbild nicht anpassen zu müssen, wird sich das Gegenüber verpflichtet fühlen, nun auch „Ja" zu sagen.

Welche Technik sollte im Einzelfall genutzt werden? Dazu gibt es hier keine Klarheit. Bei Außendienstlern und im Vertrieb wird die Entscheidung von der Erfahrung abhängen. Glücklicherweise haben Psychologen, Direktvermarkter und auch Online-Marketer eine bessere Möglichkeit. Hier kommt es gar nicht so stark auf den Einzelfall an, sondern viel stärker auf Erfolgsquoten, sprich Prozentsätze. Mit einer genügend großen Stichprobe lässt sich die Frage nach der optimalen Überzeugungstechnik daher wunderbar durch **Experimente** beantworten. Dafür müssen die entsprechenden Techniken bekannt sein, um die richtigen Hypothesen zum Testen zu entwickeln. Diesen ersten Schritt haben wir hiermit getan. Also, auf zu Schritt zwei: Neugierig sein, ausprobieren, messen!

# 10. Marke

Die Interaktion mit Unternehmen, anstelle von Personen, ist – evolutionär gesehen – für Menschen Neuland. Psychologisch lassen sich interessante Phänomene bei Wahrnehmung von Marken und Umgang mit ihnen beobachten. Dieses Wissen hilft Marketing- und PR-Abteilungen, denn sie stellen ja das Sprachrohr einer Firma nach außen dar.

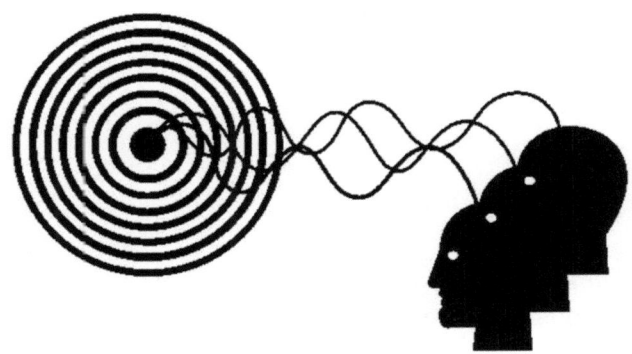

# Inhalt

## 10.1. Definition: Marke

Einleitend müssen wir dem psychologischen Konstrukt Marke zunächst eine Definition geben.

*Eine Marke ist eine Menge von Erwartungen, Erinnerungen, Geschichten und Beziehungen, welche die Entscheidung eines Kunden für das Angebot (Produkt/Dienstleistung) eines bestimmten Anbieters, anstelle von anderen Anbietern, maßgeblich beeinflusst.*

## 10.2. Effekte einer starken Marke

### 10.2.1. Top of Mind Awareness, Relevant Sets

Bei schwierigen Entscheidungen ziehen Menschen nur in den seltensten Fällen alle Optionen in Betracht. Besonders bei kognitiver Belastung (Zeitdruck, Multitasking etc.) wird das Set, aus dem ausgewählt wird, auf ein Minimum reduziert (vgl. Kapitel 8).

Ein Beispiel: Um der Aufforderung „Nenne eine Pastellfarbe!" nachzukommen, geht man nicht im Kopf alle bekannten Pastellfarben durch. Die meisten Optionen werden sofort „ausgesperrt". Übrig bleiben einige wenige, etwa Himmelblau, Mintgrün und Zartrosa. Unter diesen wird dann die Antwort ausgewählt. Bei diesen leicht abrufbaren Kandidaten, dem sogenannten **relevanten Set** oder **evoked Set** (deutsch etwa: Berücksichtigungsfeld), spricht man dann von **Top of Mind Awareness** (deutsch etwa: oberstes gedankliches Bewusstsein). Die leichte Abrufbarkeit hängt dabei nicht zwangsläufig mit Vorliebe oder Präferenz zusammen. Soll heißen: Wenn man lange und intensiv darüber nachdenkt, in welcher Pastellfarbe das Wohnzimmer nun gestrichen werden soll, ist es gut möglich, dass die Entscheidung auf Apricot, Lavendel oder Ocker fällt – auch wenn diese Farben nicht sofort in den Sinn gekommen sind, weil sie eben nicht Teil des Relevant Sets sind.

Für Marken entsteht Top-of-Mind-Awareness – ähnlich der Verfügbarkeitsheuristik (vgl. 8.3.1.) – vor allem durch starke mediale Präsenz. Dabei muss eine ausreichende Häufigkeit erreicht werden (siehe 10.4.) und der

Moment der letzten Werbebotschaft darf nicht zu lange zurückliegen (Rezenzeffekt).

Absolut auf die Spitze getrieben wird Top of Mind Awareness von sogenannten **Deonymen**. Das sind Markennamen, die im Sprachgebrauch zur generischen Bezeichnung einer Gattung geworden sind (z. B. Tempo statt Taschentuch oder googeln statt „im Internet suchen").

Warum starke Marken das Ziel verfolgen, Teil des relevanten Sets zu sein oder sogar an der Spitze zu stehen, ist offensichtlich: Die Entscheidung kann nur auf Produkte und Dienstleistungen fallen, die überhaupt in Betracht gezogen werden. Besonders bei komplexen Entscheidungsprozessen und unüberschaubaren Märkten gelangen Kandidaten aus dem Relevant Set häufiger in die engere Auswahl.

### 10.2.2. Markentreue

Menschen lassen sich leicht durch das Bedürfnis nach **Zugehörigkeit** motivieren (vgl. Kapitel 5). Erfreulicherweise für Brand-Manager drücken Gruppenmitglieder ihre Zugehörigkeit auch gerne dadurch aus, dass sie eine bestimmte Marke bevorzugen, die zu der eigenen (oder angestrebten) Identität passt.

Durch diesen identitätsstiftenden Charakter von Marken kann man auch **Stabilität** von Lieblingsmarken und die Existenz regelrechter Markenfans erklären. Das menschliche **Selbstbild** ist sehr stabil und verändert sich nur unter großer Anstrengung oder extremen Umständen, was meist als unangenehm empfunden wird. Hält sich jemand also für cool und glaubt gleichzeitig daran, dass coole Personen die neuesten Apple-Produkte benutzen, dann ist es für diesen Menschen sehr viel leichter, das neueste iPhone zu kaufen, als das eigene Selbstbild anzupassen.

Einschränkend sollte hier angesprochen werden, dass diese Markenloyalität aufgrund von Identität wohl eher für größere Anschaffungen oder stark öffentlich sichtbare Produkte gilt. Bei vielen kleineren Besorgungen des Alltags (Zahnpasta, Shampoo, Saft etc.) wird der Grund für den Griff zum immer gleichen Regalfach eher die starke **Gewohnheit** sein als Überzeugung und Selbstbild.

## 10.3. Was macht eine Marke im Internet aus?

### 10.3.1. Markenkern

Zunächst besitzt eine Marke eine **Identität**, den Kern der Marke, quasi die Persönlichkeit. Im Gegensatz zu Menschen besitzt die Marke allerdings weder ein Gesicht noch eine Stimme, die dieser Persönlichkeit Ausdruck verleihen könnten. Für vertraute Gesichter und Stimmern gibt es im Gehirn eigene Areale für die Verarbeitung. Nach dem heutigen Stand neurowissenschaftlicher Forschung gibt es solch ein Areal für Marken nicht.

Verwunderlich ist das nicht. Denn evolutionär gesehen ist das gesellschaftliche bzw. wirtschaftliche Phänomen der Marke ein Novum: Uns Menschen (Homo Sapiens) gibt es seit mindestens 160.000 Jahren und genauso lange oder schon länger interagieren wir persönlich miteinander. Als älteste Firma der Welt hingegen gilt das japanische Bauunternehmen Kongō Gumi Co. Ltd., welches seit dem Jahr 578 n. Chr. besteht. 1.400 Jahre mögen ein stolzes Alter für eine Unternehmenshistorie sein. Doch trotzdem bleibt diese Zeitspanne nur ein kleiner Bruchteil der gesamten Menschheitsgeschichte. Evolutionäre Anpassungen im Gehirn auf biologischer Ebene entstehen in so kurzer Zeit nicht.

Entsprechend benachteiligt sind Marken bei der kognitiven Verarbeitung. Daher ist es besonders wichtig, festzulegen, wofür eine Marke steht. Denn die Erfahrungen, die Menschen mit einer Marke machen, müssen konstant bleiben, damit ein gefestigtes Bild der Marke entsteht.

Nach dem Modell des **Golden Circle** von Simon Sinek beginnen erfolgreiche Marken daher mit der Frage nach dem „Warum?". Im Zentrum seines goldenen Kreises, im **Markenkern** also, liegt die Frage „Warum tun wir, was wir tun?". Daraus ergeben sich die Antworten auf die Anschlussfragen „Wie tun wir das?" und als letztes „Was genau tun wir denn?".[36]

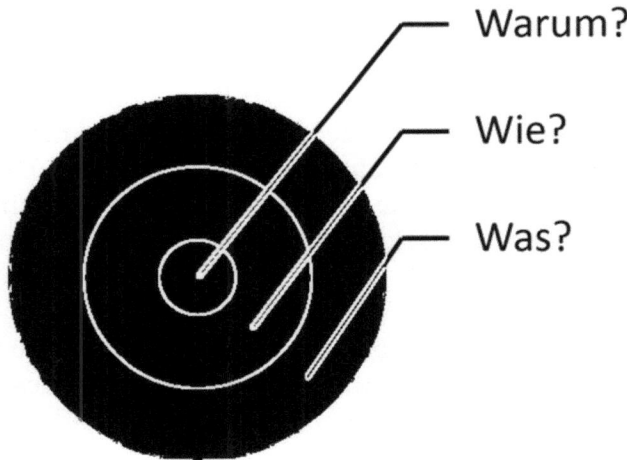

Von einem gefestigten Markenkern profitiert dann die Kommunikation nach außen. Denn den Menschen, welche die Werte der Marke teilen, fällt es leicht, sich für ihre Produkte und Dienstleistungen zu entscheiden. Doch auch Mitarbeiter können sich viel leichter mit einem Un-

---

[36] Sinek, S. (2011). *Start with why: How great leaders inspire everyone to take action*. Penguin.

ternehmen identifizieren, das klar für etwas steht. In Studien wird fast ausnahmslos ein positiver Zusammenhang zwischen der Unternehmenskultur, geteilten Werten und Überzeugungen mit Arbeitsmotivation und Job-Zufriedenheit festgestellt.[37]

Weiterer Bonus eines gut abgesteckten Markenkerns: **Markenbotschafter** als Repräsentanten der Marke können leicht anhand stimmiger Werte ausgewählt werden. Mit diesen Figuren kann die Zielgruppe viel leichter interagieren als mit dem abstrakten Konstrukt „Marke", ganz gleich ob sie in menschlicher Form (Gründer, Chef, Mitarbeiter, Promi etc.) oder als stilisierte Maskottchen daherkommen. Das Erzählen von Geschichten im Zusammenhang mit der Marke – Stichwort: **Storytelling**– machen diese Protagonisten sehr viel einfacher und ansprechender (siehe 7.4.1.).

Darüber hinaus basieren zwei praktische Werkzeuge für die tägliche Marketing-Arbeit auf der Definition des Markenkerns: Mission Statement und Style-Guide.

---

[37] Roos, W., & Van Eeden, R. (2008). The relationship between employee motivation, job satisfaction and corporate culture: empirical research. *SA journal of industrial psychology*, *34*(1), 54-63.

## 10.3.2. Mission Statement

Im **Mission Statement** werden die folgenden Fragen explizit beantwortet:

- Wofür steht das Unternehmen?
- Wem hilft das Unternehmen?
- Wie?
- Warum?
- Was unterscheidet das Unternehmen von der Konkurrenz?
- Wenn es das Unternehmen morgen nicht mehr gäbe, warum würde man es vermissen? Wie würde es in Erinnerung bleiben?
- Was ist die Mission und das Ziel für die nächsten 10 Jahre?

### 10.3.3. Style Guide

Im **Style Guide** werden die folgenden Vorschriften gemacht:

- Logo: Größe, Farben, Platzierung
- Farbpalette
- Formen und Layouts
- Schriftarten
- Stimme und Ton mit denen die Marke spricht
  Ein exzellentes Vorbild für die präzise und verständliche Definition von Stimme und Ton einer Marke liefert beispielsweise Mailchimp[38].
- Verkaufsargumente (USPs)

Die Einhaltung des Style-Guides sollte umfassend durchgesetzt werden, um ein möglichst einheitliches Erlebnis bei sämtlichen Berührungspunkten mit der Marke zu schaffen. Neben Webdesign und Profilen in sozialen Medien (s. u.) passen im Idealfall auch E-Mail-Newsletter, automatisierte E-Mail-Benachrichtigungen, Texte in Offline-Medien, Video-Inhalte etc. zum definierten visuellen und sprachlichen Auftritt.

---

[38] goo.gl/eORZ6W

### 10.3.4. Logo

Wie Menschen mit Marken umgehen wird häufig damit verglichen, wie mit anderen Menschen umgegangen wird. Das Logo stellt die visuelle Repräsentation der Marke dar und spielt somit eine wichtige Rolle. Bleiben wir bei der Analogie zur zwischenmenschlichen Interaktion, so entspricht das etwa der Kombination aus Gesicht, Frisur, Kleidung, Schmuck etc.

All diese Merkmale liefern sofort Anhaltspunkte, die der Interaktion einen Rahmen geben, etwa zu Herkunft, sozialem Status sowie möglicherweise Beruf und Gruppenzugehörigkeit. Ähnlich sollte auch das Logo einer Marke funktionieren und sofort transportieren, wofür die Marke steht, was sie tut und an wen sie sich richtet. Dafür kann zum einen auf die Erfahrung von Grafikern und anderen Experten zurückgegriffen werden. Andererseits kann die Marktforschung mit Befragungen bei der relevanten Zielgruppe helfen. Dabei muss dann besonders auf die erfasste Variable geachtet werden. Das Logo, das laut eigener Aussage am besten **gefällt,** ist nicht zwangsläufig auch das Logo, an das sich Teilnehmer solcher Tests nach einem Testzeitraum auch am besten **erinnern.** Nur realitätsnahe Tests, bei denen Logos wiederholt präsentiert, wiedererkannt und verglichen werden, liefern also nützliche Erkenntnisse zum Logo-Design.

**Ein (völlig unwissenschaftlicher) Selbsttest zu Logo-Designs:**

Welches der Logos auf der folgenden Abbildung ist auf Anhieb am Schönsten?

Wäre ein anderes Logo trotzdem besser, wenn man bedenkt, dass potenzielle Kunden es häufig sehen und sich daran erinnern sollen?

Interessant sind ergänzend folgende **Studienergebnisse**:

- komplexere Logos bleiben auch nach vielen Wiederholungen interessant und werden länger gemocht als sehr einfache Logos.[39]
- Werden unbekannte Logos ohne vorherige Präsentation verglichen, gefallen die salientesten den Versuchspersonen am besten – also kontrastreiche, auffällige Designs.[40]
- Logos, die Assoziationen hervorrufen oder eine Bedeutung besitzen, sollten theoretisch von Vorteil sein. Hier ist mehr Forschung nötig.[41]
- Bekannte Logos gefallen Versuchspersonen besser als unbekannte.[39]

---

[39] Henderson, P. W., & Cote, J. A. (1998). Guidelines for selecting or modifying logos. *The Journal of Marketing*, 14-30.

[40] Whittlesea, B. W. (1993). Illusions of familiarity. *Journal of Experimental Psychology: Learning, Memory, and Cognition, 19*(6), 1235.

[41] Janiszewski, C., & Meyvis, T. (2001). Effects of brand logo complexity, repetition, and spacing on processing fluency and judgment. *Journal of consumer research, 28*(1), 18-32.

### 10.3.5. Webdesign

Im Abschnitt 10.3.3. haben wir bereits gelernt, was ein Style Guide beinhalten sollte. An diese Vorgaben muss sich selbstverständlich auch das Webdesign halten. Je einzigartiger das Design ausfällt, desto höher wird in der Regel der Wiedererkennungswert der Website.

Aber: Werden User-Experience- und Conversion-Rate-Optimierungs (UX und CRO) berücksichtigt, sollte man sich bei Seitennavigation (Menüführung) und grundsätzlicher Aufteilung der Seiten nicht zu weit von gängigen Konventionen entfernen.

Zusätzlich zur grafischen Gestaltung sollten auch Texte einprägsam und konsistent sein und der Persönlichkeit der Marke Ausdruck verleihen. So könnten etwa die für das Unternehmen wichtigen Handlungsaufforderungen auf Buttons und in der Nähe von Formularen wie der Tipp eines guten Freundes oder die fundierte Empfehlung eines Experten klingen – je nachdem, was zum Markenkern passt.

## 10.3.6. Social Media

Die neuesten Kanäle für den Marken auftritt online sind soziale Medien. Im ersten Schritt sollten hier die zur eigenen Marke passenden Netzwerke ausgewählt werden – abhängig von Zielgruppe, Ästhetik und Feeling. Danach sollten die Kanäle mit einer konsistenten Markenstimme genutzt werden, während Feinheiten in der Tonalität ans jeweilige Netzwerk angepasst werden. Selbstverständlich müssen regelmäßig relevante und teilenswerte **Inhalte** erstellt werden. Bei diesem Aspekt kann Social-Media-Marketing als Teildisziplin von **Content-Marketing** betrachtet werden.

Soll mit **Influencern** zusammengearbeitet werden, um eine noch breitere Zielgruppe zu erreichen, muss auch hier die Wahl der Kooperationspartner wieder zur Markenidentität passen. Denn dann fällt es einerseits leichter, Influencer für eine Zusammenarbeit zu aktivieren und andererseits können diese viel besser das Image der Marke verstärken, wenn sie für ähnliche Überzeugungen stehen.

Ein letzter Punkt wird im Zusammenhang mit den „neuen Medien" häufig vergessen: Auf sozialen Medien findet soziale **Interaktion und Dialog** statt. Viele Unternehmen sind mit den Erwartungen von Kunden und Fans bei Kommentaren und Kontaktaufnahme überfordert. Viele Anliegen können nicht abschließend über Social Media geklärt werden. Trotzdem sollten eine schnelle Reaktion und ein Verweis auf den Kundenservice der Mindestanspruch sein, um hart erarbeitete Sympathien online nicht sofort wieder zu verspielen.

## 10.4. Wie laut sollte eine Marke sein?

Mit Lautstärke ist hier das gemeint, was im Englischen als **Brand Exposure** bezeichnet wird:

*Wie häufig kommen Personen aus der Zielgruppe mit der Marke in Kontakt (ob sie wollen oder nicht)?*

Schon in Kapitel 6 (Wahrnehmung) haben wir Folgendes über **Exposure** gelernt:

*Mit Exposure ist die Länge, Intensität und Häufigkeit gemeint, mit der man einem Reiz ausgesetzt wird. Wiederholung spielt hier eine große Rolle. Das wissen Werbefachfrauen und -Männer, die viel Geld dafür ausgeben, dass Menschen immer und überall mit Logo, Jingle oder Slogan konfrontiert werden.*

Wissenschaftlich unterstützt wird diese Vorgehensweise vom **Mere-Exposure-Effekt** (Effekt des bloßen Kontakts). Dieser besagt, dass allein die Wahrnehmung eines Reizes ausreicht, um die zukünftige Valenz dieses Reizes (mag ich/mag ich nicht) positiv zu beeinflussen (vgl. 6.2.1.)[42]. Erklärt wird das mit der Verarbeitungsgeschwindigkeit. Der bekannte Reiz kann mental flüssiger Verarbeitet werden, was sich angenehmer anfühlt. Aufgrund einer Fehlattribution dieses Gefühls wird dann der Reiz selbst positiver bewertet.

Dabei gibt es theoretisch eine Obergrenze, ab der weiterer (unfreiwilliger) Kontakt als negativ empfunden wird und einer Marke schaden kann. Eine aktuelle Meta-Analyse zur **effektiven Frequenz** kommt leider zu dem Schluss, dass in den meisten Studien zu wenige Wiederholungen mit zu kurzen Abständen betrachtet werden. Insgesamt, so die Autoren, unterstützen die Ergebnisse

---

[42] Zajonc, R. B. (1968). The Attitudinal Effect of Mere Exposure. *Journal of Personality and Social Psychology.* 9 (2/2), 1-28.

aber die Perspektive der **Repetitionisten** gegenüber den **Minimalisten**:

Die Vorteile von wiederholtem Kontakt mit einer Werbung überwiegen wahrscheinlich die Nachteile.[43]

Eine Werbe-Frequenz, die negative Auswirkungen auf die Markenwahrnehmung haben könnte, wird also – wenn überhaupt – nur von extrem präsenten Marken erreicht (Coca Cola, L'Oréal, Toyota und Co).

## 10.5. Zusammenfassung

Beim Aufbau und dem Management einer Marke gibt es auch im Internet viel zu beachten. Psychologische Studienergebnisse unterstützen die These vieler Marketer, dass die Wichtigkeit der **Konsistenz im Markenauftritt** nicht überschätzt werden kann. Dafür sollte als erstes der Markenkern, das Herz und die Seele der Marke, definiert werden. Im Anschluss darf eine Marke dieses Herz dann gerne auf der sprichwörtlichen Zunge tragen.

---

[43] Schmidt, S., & Eisend, M. (2015). Advertising repetition: a Meta-analysis on effective frequency in advertising. *Journal of Advertising*, *44*(4), 415-428.

# 11. Neuromarketing

Zum Abschluss dieses Buches schauen wir über den Tellerrand. Der Begriff „Neuromarketing" klingt nach einer verführerisch-trendigen Verpackung für Psychologie im Marketing.

Was steckt dahinter? Wo gibt es Überschneidungen? Kann man Neuromarketing als neue Geheimwaffe für besseres Marketing einsetzen – und wenn ja, wie?

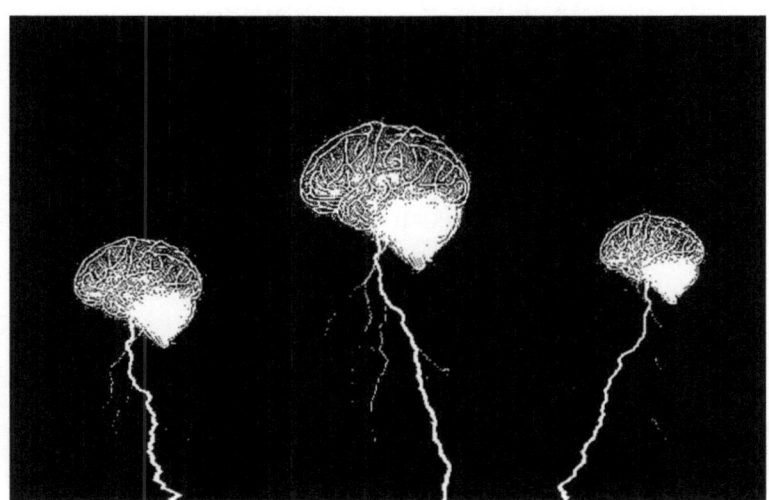

Inhalt:

## 11.1. Einleitung und Begriffsklärung

Eine unkritische Einleitung zum Thema Neuromarketing zu schreiben fällt schwer, denn schon bei der Definition bröckelt es gewaltig. Ziel soll hier aber sein, das Feld für Einsteiger zu erschließen und dabei eine möglichst objektive Distanz und Skepsis zu wahren.

Betrachten wir zunächst die Wortschöpfung selbst:

*Neuro*
von griechisch νεῦρον (neuron) ‚Nerv'.

*Marketing*
bezeichnet den Unternehmensbereich, dessen Aufgabe es ist, Produkte und Dienstleistungen zu vermarkten, d. h. sie so anzubieten und zu bewerben, dass Konsumenten das Angebot als wünschenswert wahrnehmen.

Linguistisch betrachtet könnte Neuromarketing also eine Art „Nervenwerbung" sein, die direkt über Elektroden ins Gehirn eingespielt wird und Kunden so überzeugt.

138

Doch im Ernst: Wie wird Neuromarketing von selbsternannten Experten definiert? Wie nicht anders zu erwarten, gibt es ein breites Spektrum an Definitionen:

*„Neuromarketing" ist nicht klar definiert.*
*Für manche ist es neurowissenschaftlich fundierte, am Einzelfall orientierte, empirische Marktforschung.*
*Für andere ist es Grundlagenwissenschaft auf der Suche nach Gesetzmäßigkeiten im Marketing (Neuroökonomie).*
*Wieder andere sehen darin das Anwenden von neurowissenschaftlich untersuchten Gesetzmäßigkeiten auf Fragestellungen des Marketings.*
– Benny B. Briesemeister (discover-neuro.de)[44]

*Im Neuromarketing verbinden Wissenschaftler Erkenntnisse der Hirnforschung und der Psychologie für das Marketing.*
– Martina Schuch[45]

*Ich verstehe unter [Neuromarketing] die Nutzung der vielfältigen Erkenntnisse der modernen Hirnforschung, Psychologie, Ökonomie und anderer Disziplinen für das Marketing. Im Wesentlichen geht es in der Marktforschung und Beratung bei diesen Erkenntnissen nun darum, den Einfluss von Emotionen und Gefühlen auf Kaufentscheidungen zu verstehen, um sie dann für das eigene*

---

[44] goo.gl/wgzbCP

[45] goo.gl/ekWoiF

*Marketing zu nutzen.*
– Roland Albrecht[46]

Diese Definitionen lassen viele Fragen offen: Geht es um neurologische, psychologische oder betriebswirtschaftliche Erkenntnisse – oder um alles zusammen? Ist es nicht selbstverständlich, dass man dieses Wissen im Marketing nutzt, soweit es sich eben übertragen lässt? Warum braucht man einen schwammigen, neuen Begriff dafür?

Nach meinem eigenen, informierten aber subjektiven Verständnis bleibt als Alleinstellungsmerkmal nur eines: die Nutzung von Methoden der Neurologie. Das bedeutet im schlechtesten Szenario, dass Erkenntnisse aus der Grundlagenforschung blindlings auf Marketingszenarien übertragen werden. Im besseren Falle werden die Methoden angewandt, um eine ganz konkrete Hypothese aus dem Marketing zu prüfen, beispielsweise „Erzielt Werbeanzeige A eine höhere Aktivierung des Gehirnareals X im Vergleich zu Werbeanzeige B?"

Zu diesen Methoden aus den Neurowissenschaften gehören vor allem die bildgebenden Verfahren:

---

[46] goo.gl/y7AgME

- funktionelle Magnetresonanztomographie (fMRI bzw. fMRT)
- Elektroenzephalografie (EEG)
- Positronen-Emissions-Tomographie (PET)
- Nahinfrarotspektroskopie (NIRS)

## 11.2. Kritik

### 11.2.1. Methodische und inhaltliche Kritik

Die Ergebnisse aus dem Neuromarketing werden leider oft als neue Marketingmaximen verkauft. Einige Beispiele:

1. Wissen Probanden nicht, welche Cola-Sorte sie trinken, so bevorzugt die eine Hälfte Pepsi, die andere Coca-Cola. Die Gehirngebiete des Belohnungssystems (ventromedialer Prefrontalcortex) sind bei der bevorzugten Limonade aktiver. Wird den Probanden jedoch mitgeteilt, welches Marken-Getränk sie zu sich nehmen, so feuern im Fall von Coca-Cola Neuronennetzwerke in Gedächtnis-Arealen (Hippocampus und angrenzende Regionen), bei Pepsi hingegen nicht. Die Interpretation, dass Coca-Cola stärkere Assoziati-

onen auslöst, liegt nahe. So kann die stärkere Präferenz für Coca-Cola im Vergleich zu Bildverkostungen erklärt werden.[47]

2. Rabattschilder sorgen dafür, dass eine Kontrollregion im Gehirn an Aktivität nachlässt beziehungsweise nicht so stark durchblutet wird, das Belohnungssystem hingegen wird stärker aktiviert.[48]

3. Gesichter bleiben besser in Erinnerung als Logos, weil sie die Gehirnareale für Gefühle und Gedächtnis stärker aktivieren.[48]

4. Ein Markenname bleibt am ehesten in Erinnerung, wenn er am Anfang eines Werbespots eingeblendet wird.[48]

Wie man leicht erkennt, sind diese ernüchternden Resultate nicht sonderlich überraschend (sprich: trivial) und tatsächlich alle psychologisch schon gut erforscht.

Zudem muss die Aussagekraft solcher Studien für das Marketing immer relativiert werden. Denn eine Aktivität in einem bestimmten Hirnareal bedeutet noch lange nicht, dass auch eine Handlung darauf folgt. Menschliche Entscheidungen gestalten sich vielschichtiger, glücklicherweise.

---

[47] McClure, S. M., Li, J., Tomlin, D., Cypert, K. S., Montague, L. M., & Montague, P. R. (2004). Neural correlates of behavioral preference for culturally familiar drinks. *Neuron*, *44*(2), 379-387.

[48] goo.gl/ekWoiF

Roland Albrecht beschreibt die Selbstdarstellung von Neuromarketern sehr treffend.[49] Einige Auszüge:

- Neuromarketing ist ein Produkt des „Neuro-booms" und verspricht exakte Naturwissenschaft anstelle von unscharfem Marketing
- Ergebnisse lassen sich nur bedingt für die Praxis nutzen
- Neurologen, die kein Neuromarketing verkaufen, drücken es so aus:
  *Wir ertrinken förmlich in falschen Befunden (...) Vermutlich lassen sich nur 10 bis 20 Prozent der Befunde in nachfolgenden Studien bestätigen (...) Modell und Wirklichkeit klaffen oft weit auseinander.*
  - Prof. Dr. Ulrich Dirnagel, Berliner Charité

## 11.2.2. Moralische Kritik

Macht Neuromarketing Kunden gläsern? Kennen Werbe-fachleute dank neuer High-Tech-Forschung den „Kauf-knopf" im menschlichen Gehirn?

Moralisch halte ich Neuromarketing nicht für bedenkli-cher als andere Methoden der Werbebranche. Natürlich ist die Grenze zwischen Motivation und Manipulation potenzieller Kunden fließend. Doch erstens werden Kun-den durch Gehirnscans nicht durchschaubarer, als sie es durch Marktforschung oder Web-Analyse ohnehin schon

---

[49] goo.gl/y7AgME

sind. Und zweitens sind Abläufe im Gehirn bis zu einer Entscheidung viel zu komplex, als dass sie mit den Momentaufnahmen aus bildgebenden Verfahren umfassend studiert werden könnten, geschweige denn vorausgesagt und beeinflusst.

Die moralischen Vorwürfe betrachten wir damit also als geklärt. Größtenteils können diese übergangen werden, weil die Methoden bisher nur für Grundlagenforschung geeignet sind und sich die Ergebnisse deswegen kaum in die Praxis übertragen lassen. Daher bleibt auch die Frage nach dem inkrementellen Nutzen von Neuromarketing offen, also die Frage

„Warum sollte mein Unternehmen Geld für Neuromarketing ausgeben, das ansonsten an anderer Stelle gewinnbringend investiert werden könnte?"

In den nächsten Jahren dürfen wir hier allerdings rasante technische Fortschritte erwarten. Insofern wäre eine **grundsätzliche gesellschaftliche Diskussion der Hirnforschung** inzwischen mehr als angebracht.

## 11.3. Nützliche Erkenntnisse aus dem Neuromarketing

Trotz all der Kritik hat Neuromarketing einige Ergebnisse produziert, die hier eine Erwähnung verdienen. Dennoch sollten diese natürlich vorsichtig und mit den genannten Kritikpunkten im Hinterkopf interpretiert werden.

1. Mit Neuromarketing wird für Gamification im Marketing argumentiert:
   Typische Elemente aus Spielen, etwa Belohnungen (positive Verstärkung), Feedback-Schleifen, ein Empfinden von Kontrolle und Flow erzeugen biochemische Reaktionen im Gehirn (Ausschüttung von Dopamin).[50]
2. Kaufentscheidungen werden auch von Werbung beeinflusst, die wir zwar wahrnehmen, aber nicht bewusst beachten.[51]
3. Neurowissenschaftliche Methoden erlauben eine bessere Vorhersage tatsächlichen Verhaltens als explizite Befragungsmethoden, auch über Jahre hinweg. Der Vorteil liegt wahrscheinlich darin,

---

[50] Webley, S., & Cham, K. (2016). Gamification, Collective Voodoo and MumboJumbo. *The Business of Gamification: A Critical Analysis*, 115.

[51] Tusche, A., Bode, S., & Haynes, J. D. (2010). Neural responses to unattended products predict later consumer choices. *Journal of neuroscience, 30*(23), 8024-8031.

dass auch unbewusste Hirnprozesse erfasst werden, die durch andere Datenerhebung nur schwer abzubilden sind.[52]

## 11.4. Zusammenfassung

Im Marketing gewöhnt man sich leider daran, dass immer wieder eine neue Sau durchs Dorf getrieben wird. Nüchtern betrachtet wird auch beim Neuromarketing nicht so heiß gegessen, wie gekocht wird. Erkenntnisse aus den Neurowissenschaften sind nützlich und tragen dazu bei, dass wir Menschen das große Mysterium unseres eigenen Hirns nach und nach besser verstehen. Wenig aussichtsreich bleibt allerdings der Versuch, diese Grundlagenforschung sofort auf komplexe Anwendungsgebiete wie Markenwahrnehmung oder Kaufentscheidungen zu übertragen. Für den Erkenntnisgewinn im Marketing sind gute Hypothesen und strukturierte Tests viel wichtiger als High-Tech-Methoden.

---

[52] Venkatraman, V., Dimoka, A., Pavlou, P. A., Vo, K., Hampton, W., Bollinger, B., ... & Winer, R. S. (2015). Predicting advertising success beyond traditional measures: new insights from neurophysiological methods and market response modeling. *Journal of Marketing Research*, *52*(4), 436-452.

# 12. Schlusswort

Die Hoffnung beim Verfassen dieses Buches war, dass es

1. einen bodenständigen Einblick in die psychologische Forschung ermöglicht, mit möglichst wenig verworrenem Fachvokabular.
2. Stets die Brücke zu Anwendungsbereichen im Marketing schlägt und somit jeden Leser mit praxisnahen Ideen versorgt.

Sollte dies gelungen sein, freuen sich vielleicht auch Kollegen, Freunde oder Bekannte über ein Exemplar auf dem jeweiligen Schreibtisch. Dieses Buch ist klein und handlich genug, um dabei nicht als Affront empfunden zu werden.

In jedem Fall wünsche ich viel Erfolg...

  ... mit Menschen.
  ... im Internet.

Einen herzlichen Dank für das Lesen der vorangegangenen Seiten!